Historias insólitas

de la Copa América

Sudaquia
editores
New York, NY.

Colección  Énfasis

Historias insólitas

de la Copa América

Luciano Wernicke

Sudaquia Editores.
New York, NY.

Índice

A mis hermanos, Sabrina y Guido.

"Un día sin fútbol es un día perdido"

Ernst Happel

"El fútbol es la única diversión de América Latina"

(José Luis Chilavert, ex arquero paraguayo)

"El Imperio inglés explotó los recursos naturales de Sudamérica. A cambio les regaló fútbol"

(Jonathan Wilson, periodista y escritor británico)

"¿Cómo explicar que un país con tres millones de habitantes ganó la Copa América? Porque no tenemos dos huevos, tenemos tres"

(Luis Suárez)

"El fútbol permite a los pueblos brillar en el mundo a pesar de las diferencias de lengua, religión, cultura o riqueza"

(Bernard Werber)

Prólogo

La Copa América cumple un siglo de vida y la Confederación Sudamericana de Fútbol (también conocida por el acrónimo "CONMEBOL", surgido de sílabas obtenidas de su nombre: CONfederación SudaMEricana de FútBOL) organiza una edición especial, la número 45 de la prestigiosa competencia, en los Estados Unidos de Norteamérica. Este torneo sub-continental que hace más de 20 años abre sus puertas a equipos de Centro y Norteamérica, e inclusive una vez recibió la visita de Japón, inició su largo trayecto en 1916, cuando a un grupo de dirigentes argentinos se le ocurrió organizar una competencia de fútbol con selecciones de países limítrofes que engrosara los festejos del primer centenario de la Independencia del país. Desde entonces, el "Campeonato Sudamericano", como se lo había bautizado originalmente, se realizó cada año -con alguna excepción por motivos externos, como una epidemia de gripe que azotó Brasil en 1918- hasta que un encontronazo entre argentinos y uruguayos tras la final del primer Mundial, en 1930, provocó un bache de cinco años. A partir de 1935, la Copa América -en realidad, su actual nombre se formalizó en 1975- deambuló sin demasiada prolijidad respecto de fechas, sedes o formatos. En 1987, la CONMEBOL relanzó el certamen, que empezó a disputarse cada dos años, luego tres y, a partir de 2007, cada cuatro. La "Copa América

Centenario" le abrió la puerta a una nueva "excepción" para poder celebrar un siglo de gloriosa gesta, por primera vez, en una nación situada fuera de Sudamérica.

Se suele decir, de manera errónea, que esta contienda es la más antigua del mundo a nivel de selecciones. No es cierto. El primer torneo en el que participaron "países" fue el The British Home Championship, que se puso en juego entre 1883 a 1984, con la exclusiva presencia de Inglaterra, Escocia, Gales e Irlanda (del Norte, a partir de 1949). Otro campeonato más viejo es el de los Juegos Olímpicos, que debutó como competencia de selecciones en la edición de Londres 1908 (en París 1900 y San Luis 1904 actuaron clubes). La Copa América sí es pionera, y por lejos, de las luchas deportivas entre países a nivel continental: la de Asia surgió cuarenta años más tarde, en 1956; la africana, en 1957; la europea, en 1960; la de Centro y Norteamérica, en 1963; la de Oceanía, en 1973.

La competencia sudamericana deslumbra por historia, por tratarse de una reñida e impredecible disputa (la han ganado ocho de los diez equipos de la región: Argentina, Uruguay, Brasil, Paraguay, Bolivia, Perú, Chile y Colombia), por las talentosas figuras que la han protagonizado: Diego Maradona, Lionel Messi y Pelé, probablemente los tres mejores futbolistas de la historia del fútbol mundial, han dejado su huella en esta competencia aunque, vaya paradoja, ninguno pudo dar la "vuelta olímpica" como campeón. El interés, además, trasciende el continente: un estudio elaborado por la consultora estadounidense Omnicom Media Group asegura que los partidos de la penúltima edición de este certamen, Argentina 2011, fueron seguidos por más de cinco mil millones de personas de 204 países. Un fenómeno que se explica con dos palabras: calidad y pasión.

Aunque el torneo surgió como un acontecimiento destinado a celebrar el primer centenario de la independencia argentina, no sería ésa la única vez que una fecha patria motivara un campeonato de fútbol. De hecho, en 1910, Argentina, Uruguay y Chile disputaron en Buenos Aires la "Copa Centenario de la Revolución de Mayo", una suerte de "mamá" de la Copa América. El primer siglo de la Independencia de Brasil en 1922 y los cuatrocientos años de la fundación de Lima en 1935, entre otros, fueron algunos de los "pretextos" esgrimidos por dirigentes futboleros para organizar una competencia continental en su tierra. El campeonato estadounidense será, por vez primera, una celebración para agasajar a la propia competición.

"Historias insólitas de la Copa América" no se plantea ser "la" historia del gran certamen americano. Ya hay varias páginas web dedicadas a difundir estadísticas de campeones o goleadores. Sí ofrece una serie de relatos, algunos tal vez políticamente incorrectos, que repasan acontecimientos trascendentales en el plano deportivo y también en el contexto de cada edición, que han alcanzado un nivel de interés social o cultural suficiente para no quedar sepultados por las arenas del tiempo. Aquí no siempre se pondrá la lupa sobre grandes ganadores, pero sí se revelarán episodios curiosos, graciosos, notables o divertidos de ser recordados. Un libro ideal para calentar motores hacia la gran cita centenaria.

Capítulo 1
Por amor a la camiseta

La Copa América nació en 1916 como parte de los festejos del primer centenario de la independencia argentina. Mientras la pelota rodaba por la ciudad de Buenos Aires, dirigentes de Argentina, Uruguay, Brasil y Chile decidieron fundar la CONMEBOL y otorgarle al certamen un carácter "oficial". La competencia sudamericana empezó a gatear en tiempos en los que los futbolistas no eran deportistas profesionales y debían jugar y entrenarse mientras se lo permitieran sus obligaciones laborales. Los viajes a otros países, en una época en la cual el transporte aéreo no existía, demandaban un considerable esfuerzo a los protagonistas. En algunos casos, los propios futbolistas debieron hacerse cargo del pago de traslados, hoteles y hasta la alimentación. En este primer período "amateur", Uruguay ganó seis de los doce torneos disputados, lo que permitió forjar un prestigio que se extendió a los Juegos Olímpicos (el equipo celeste ganó la medalla de oro en París 1924 y Ámsterdam 1928) y al primer Mundial, que la nación oriental organizó en 1930.

Torneo prehistórico

Si bien la Copa América comenzó oficialmente en 1916, seis años antes se desarrolló en la capital argentina, Buenos Aires, un certamen que bien podría haber sido incluido en el historial de la competencia sudamericana. En 1910, Argentina celebró el centenario de la "Revolución de Mayo", el primer paso hacia su independencia que consistió en la deposición del virrey de España y la conformación de una junta como primer gobierno criollo. El programa de festejos incluyó un torneo de fútbol, la "Copa Centenario Revolución de Mayo", que contó con tres participantes y se extendió entre el 29 de mayo y el 12 de junio. En el partido inaugural, Uruguay se impuso a Chile por tres a cero. Luego, Argentina goleó a su rival trasandino por cinco a uno y al representativo oriental por cuatro a uno. Con este doblete, la nación anfitriona se consagró campeona de esta primera experiencia entre selecciones que resultó ser "madre" de la Copa América. Esta contienda deportiva no fue incluida en el historial del certamen sudamericano por no haber sido reconocido oficialmente por la CONMEBOL. ¿Por qué? Simplemente porque esta entidad todavía no había sido fundada. Recién sería constituida seis años más tarde.

La "chilena" nació en la Copa América

"Scissors kick", "rovesciata", "tijera", "bicicleta", "chalaca" son algunos de los nombres con los que se la conoce en todo el mundo.

En Argentina, Uruguay y otros países, la jugada más vistosa del fútbol es "la chilena". Esta denominación gentilicia para la complicada cabriola nació durante la primera Copa América, disputada en 1916 en Buenos Aires. Ese año, Argentina invitó a las selecciones de Uruguay, Chile y Brasil a participar de un cuadrangular incluido en los actos de celebración del primer siglo de la independencia decretada por el Congreso de Tucumán. La cita deportiva fue aprovechada, además, para la fundación de la CONMEBOL, hecho que se cristalizó a mitad del evento, el 9 de julio. Pero unos días antes, la fría tarde del 2 de julio, Uruguay y Chile inauguraron el certamen en el estadio de madera del club Gimnasia y Esgrima de Buenos Aires, en el barrio porteño de Palermo. A pesar de la baja temperatura, diez mil personas concurrieron al precario coliseo para disfrutar del que sería el puntapié inicial del torneo continental más viejo del mundo. Los espectadores quedaron maravillados por el excelente juego de los orientales, que se impusieron con comodidad por cuatro a cero, con dos dobletes de José Piendibiene e Isabelino Gradín. Sin embargo, el público y los periodistas resaltaron la fantástica pirueta que ensayó, en varias oportunidades durante el encuentro, el defensor chileno Ramón Unzaga. Nunca se había visto en la capital argentina que un jugador pegara un saltito, se recostara en el aire, alzara una de sus piernas y voleara la pelota en lo alto. Maravillados por el movimiento de Unzaga, los hinchas, que desconocían el nombre del zaguero, bautizaron la cabriola como "la chilena", denominación que al día siguiente quedó plasmada en la prensa y hoy sigue vigente en la mayor parte de Sudamérica. Si los fanáticos del fútbol hubieran conocido la historia del defensor trasandino, o hubieran contado por esos días con la invaluable ayuda de Internet para acceder a los antecedentes de los futbolistas, "la chilena" no se llamaría así: seguramente sería hoy "la española" o "la vasca", porque Unzaga, si bien representaba a Chile, había nacido en la ciudad de Bilbao.

Africanos profesionales

El primer paso en la centenaria historia del campeonato sudamericano de selecciones tuvo un curioso epílogo. Una vez finalizado el cotejo Uruguay 4-Chile 0, uno de los dirigentes del seleccionado derrotado denunció a los veedores de la organización -como se explicó en el relato anterior, faltarían unos pocos días para que naciera la CONMEBOL- que el conjunto "celeste" había incluido "dos jugadores profesionales africanos" en su equipo, y solicitó que se anulase el resultado del encuentro y se le otorgasen los puntos al conjunto trasandino. Enterado de la protesta, el periódico "La Tribuna Popular" de Montevideo envió a los organizadores de la competencia un cable en el que especificaba que los futbolistas cuestionados -Isabelino Gradín y Juan Delgado- eran en efecto uruguayos, descendientes de esclavos y permanentes animadores de los carnavales de la capital oriental. Informados del origen de los hombres de raza negra, los delegados chilenos se disculparon ante sus pares uruguayos y archivaron la protesta en el cesto de residuos.

Figuritas

Las figuritas con imágenes de los futbolistas son un clásico que se ha instalado hace varias décadas entre los hinchas más jóvenes. Cada Mundial o Copa América tiene su álbum oficial en el que los coleccionistas pueden completar los planteles de las selecciones participantes con fotos a todo color. Para la primera edición del campeonato continental, Argentina 1916, salió a la venta el "Álbum Internacional de Football del Centenario", que reunía caricaturas realizadas por el ilustrador Ramón Columba. La colección no sólo incluía futbolistas y dirigentes de Argentina, Uruguay, Brasil y Chile, los cuatro seleccionados participantes, sino también otros jugadores de la Primera División local y algunos afamados protagonistas de otros deportes.

Polifuncionales

Los costos de traslado, alojamiento y alimentación de la edición inaugural de la Copa América generaron una situación muy curiosa. Debido a que las delegaciones de Brasil y Chile no incluyeron un árbitro, debieron presentar para esta función sendas personas que habían viajado a Buenos Aires con otros fines: un futbolista y un técnico, respectivamente. La designación del mediocampista brasileño Sidney Pullen -quien, en realidad, había nacido en Southampton, Inglaterra, y de pequeño se había radicado en Rio de Janeiro con su familia, lo que lo convirtió en el primer "extranjero" en vestir la camiseta de la selección brasileña- se produjo de manera espontánea: el 6 de julio, ante la ausencia de un referí "imparcial" que condujera el duelo Argentina-Chile -sí había uno local, pero a los visitantes no les había parecido una garantía de ecuanimidad-, Pullen, quien estaba sentado en la tribuna como espectador, se ofreció a conducir el match. A pesar de la intervención ecuánime del británico, la selección anfitriona pulverizó a la chilena por seis a uno. Según el libro "Historia de la Copa América" editado por la CONMEBOL, el primer "árbitro no sudamericano" que condujo un partido de este certamen sub-continental fue el inglés Robert Todd, en la edición de Brasil 1919: Uruguay 3-Argentina 2. Lo cierto es que el polifuncional Pullen le ganó de mano a su compatriota.

Otro referí sorpresivo fue el chileno Carlos Fanta, quien había llegado a Buenos Aires como técnico de su escuadra. Una vez que Chile cumpliera todos sus compromisos -casualmente, los tres primeros del certamen, con derrotas ante Uruguay y Argentina y un digno empate con Brasil-, Fanta continuó ligado al certamen como protagonista, ya que dirigió los tres encuentros restantes. De esta forma, ya sea como entrenador o juez, el chileno actuó oficialmente en todos los juegos del torneo inaugural. El desempeño del chileno fue tan elogiado que proseguiría una extensa carrera como referí que, en el plano internacional, contó con sus actuaciones en las ediciones de los sudamericanos de Uruguay 1917, Chile 1920 y Uruguay 1924.

La intervención de jueces improvisados se repitió en el sudamericano de Chile 1920. Allí participó otro futbolista brasileño, João de María, quien el 20 de septiembre, en el estadio de Valparaíso

Sporting Club, guió las acciones del cruce entre la selección local y la de Argentina, que finalizó con un empate en un gol. La versatilidad de De María no se terminó allí, sino que prosiguió con la camiseta de su equipo: en un encuentro, ante Chile, actuó como defensor; en otro, frente a Uruguay, como delantero.

El espectador goleador

La selección argentina ya había goleado a la de Chile por seis a uno en la segunda fecha de la Copa América de 1916 y la tarde del 10 de julio, en el estadio de Gimnasia y Esgrima de Buenos Aires (GEBA), se aprestaba a disputar su segundo encuentro, ante Brasil. Sin embargo, cuando los dirigentes de la Asociación Argentina de Football -encargados de formar el equipo, ya que no se había designado un director técnico- hicieron cuentas, sólo había diez jugadores. El notable delantero Alberto Ohaco, autor de dos tantos contra la escuadra trasandina y representante de Racing Club -equipo para el que, a lo largo de su carrera entre 1912 y 1923, convirtió 244 goles en 278 partidos, récord histórico del club de Avellaneda- no había regresado a tiempo de un largo viaje por trabajo. Desesperados, los directivos intentaron convencer a Ricardo Naón, un jugador de Gimnasia y Esgrima La Plata que, si bien no era atacante, había vestido dos veces la camiseta nacional y se encontraba allí para presenciar el duelo. Naón se negó, despechado, porque hacía más de dos años que no era citado para actuar con la Selección. Los dirigentes, entonces, recurrieron a un plan B: también en la tribuna estaba sentado como espectador José Laguna, delantero de Huracán. El "Negro", que nunca había vestido la camiseta albiceleste, aceptó de inmediato completar la escuadra de su país y, orgulloso, corrió al vestuario para cambiarse. Minutos después, Argentina, con once hombres, salió a enfrentar a Brasil ante más de 16.000 personas, una multitud para la época y los estrechos tablados de madera del estadio de GEBA. A los 10 minutos del primer tiempo, el combinado anfitrión abrió el marcador mediante un fuerte remate de... ¡el "Negro" Laguna, la flamante incorporación! La gloria no pudo ser completa para el "espectador goleador" porque el equipo visitante –que ese día utilizó una inusual camiseta a bastones verticales verdes y amarillos– no se amilanó y consiguió el empate definitivo trece minutos más tarde, por intermedio de Manoel Alencar do Monte.

Primer incidente

Las primeras ediciones del torneo sudamericano de selecciones se desarrollaron con un formato de competencia "todos contra todos" y no, como ocurriría casi 60 años más tarde, con el sistema de una fase inicial de grupos y una segunda etapa con un cuadro de eliminación directa hacia la final, que también se emplea en los Mundiales o la Copa Libertadores, por ejemplo. En el certamen inaugural de Argentina 1916, Argentina y Uruguay llegaron a la última fecha con posibilidades de salir campeones. Esta situación se repetiría varias veces en la historia del certamen sudamericano, entre diferentes equipos. El duelo había sido pactado para el 16 de julio en la cancha de Gimnasia y Esgrima de Bueno Aires pero fue tanta la expectativa generada en los hinchas que el pequeño estadio -hasta ese momento, hogar de todos los partidos y que apenas podía acoger a unas 16 mil personas- fue desbordado por una marea humana calculada por los diarios de la época en 50 mil almas, la mayoría de ellas sin su correspondiente entrada. La extraordinaria presencia de espectadores -miles quedaron alrededor del atestado coliseo, sin poder entrar- no sólo atiborró los tablones de madera de las tribunas, sino también los sectores linderos al campo de juego y hasta árboles vecinos, que sirvieron como plateas improvisadas. Cuando los dos equipos salieron al césped, el árbitro chileno Carlos Fanta notó con amargura que el gran encuentro estaba destinado al fracaso: la gente había traspasado las líneas de cal y, en varios sectores, ocupaba porciones de la cancha, algo que impedía el normal desarrollo del juego, especialmente en las áreas. Para evitar incidentes, Fanta, presionado por el gentío, dio inicio al cotejo, pero la buena voluntad del referí y los futbolistas naufragó de inmediato: la pelota no tenía libertad para rodar por todo el terreno. El juez suspendió la final y ordenó que los jugadores regresaran a sus vestuarios, hecho que encendió la ira de los espectadores. Literalmente, porque algunos, furiosos, saciaron su bronca prendiendo fuego los arcos y las tribunas de madera de GEBA. ¡No se registraron heridos de milagro! La "final" se postergó para el día siguiente y fue mudada a la cancha de Racing, donde un férreo operativo policial permitió que solamente ingresaran al estadio quienes habían adquirido sus tickets para la jornada anterior. Así, ante una ordenada concurrencia calculada en algo menos de 20 mil personas, Argentina y Uruguay cerraron el certamen con un empate sin goles que coronó como primera campeona sudamericana a la escuadra celeste.

Coherencia

El 12 de julio de 1916, Brasil sorprendió al poderoso equipo uruguayo. A solamente ocho minutos de juego, ya ganaba uno a cero gracias a una conquista del legendario artillero Arthur Friedenreich. Mas la suerte "verdeamarela" -por el repetido uniforme a bastones verticales citado previamente, ya que recién en 1951, tras el "Maracanazo", nacería el actual uniforme "canarinho"- se terminó pronto: a los 16 minutos del primer tiempo, se lesionó gravemente el defensor Orlando Pereira, quien debió abandonar la cancha. Compungidos por la sensible baja, los futbolistas brasileños le suplicaron al capitán oriental, Jorge Germán Pacheco, que avalara la posibilidad de introducir un reemplazante para el zaguero lastimado. La respuesta del líder oriental fue tajante: "Los cambios no están permitidos". Brasil continuó con diez y la escuadra uruguaya, favorecida por la desventaja del rival, dio vuelta la historia y se impuso por dos a uno con goles de Isabelino Gradín y José Tognola. Esta victoria, sumada a la igualdad sin goles frente a Argentina en el último match del certamen, le permitió a Uruguay consagrarse como el primer campeón de la Copa América.

Un año más tarde, durante el desarrollo de la segunda competencia continental, organizada por Uruguay, el equipo local y el argentino volvieron a protagonizar otra "final" que definiría quién se quedaba con el trofeo en el último match del cuadrangular, que también incluyó a Brasil y a Chile. El 14 de octubre, en el estadio de Parque Pereira, la "celeste" se imponía por uno a cero gracias a un gol de Héctor Scarone. A los 25 minutos del segundo tiempo, el arquero local, Cayetano Saporiti, chocó contra el delantero rival Alfredo Martín. Saporiti se llevó la peor parte, porque el fuerte golpe le impidió continuar en la cancha. Su puesto fue ocupado por el defensor Manuel Varela. Antes de que se reanudaran las acciones, Martín se acercó a Pacheco y, aunque la colisión había sido fortuita y sin mala intención, le ofreció al capitán charrúa salir del terreno de juego para que ambos equipos continuaran con la misma cantidad de futbolistas. Pacheco, muy coherente con su postura adoptada un año antes, se negó al argumentar que la lesión de su compañero había sido accidental y exigió que el argentino se quedara en la cancha. Aun con un hombre menos que su rival y un portero improvisado, Uruguay mantuvo la ventaja en el marcador y se coronó bicampeón sudamericano.

Confianza

Para la Copa América de Uruguay 1917, se decidió que cada vez que un seleccionado marcara un gol, en una de las cabeceras del estadio motevideano de Parque Pereira, sede de todos los partidos, se colocara un banderín con sus colores representativos, como una especie de rudimentario "tablero electrónico". Para el partido inaugural, entre la escuadra local y la de Chile, sólo se prepararon banderines celestes, en un claro gesto de excesiva confianza. De todos modos, los distintivos con colores chilenos no fueron necesario en ese encuentro –ganó Uruguay cuatro a cero– ni en ningún otro, porque la escuadra trasandina no marcó un solo tanto en sus tres partidos: después de la goleada charrúa, perdió uno a cero con Argentina y cinco a cero con Brasil.

Huelga

Debido a las dificultades que planteaba el estatus amateur de los futbolistas, los integrantes de la delegación argentina que intervino en la Copa América de Uruguay 1917, dirigentes y jugadores, resolvieron retornar a Buenos Aires luego de los encuentros con Brasil y Chile -los días 3 y 6 de octubre, respectivamente- para ocuparse de su actividades profesionales, y regresar a Montevideo una día antes del último match, el 14 de octubre ante Uruguay, para resolver el campeonato. Al igual que en 1916, los dos equipos rioplatenses se habían apoderado de la lucha por el título por haber vencido, ambos, a los otros dos participantes de la contienda, de modo que el último juego se convirtió, en los hechos, en una final. Pero, unos días antes del retorno a la capital oriental, la Federación Obrera Marítima Argentina, un poderoso sindicato que agrupaba a trabajadores portuarios y personal embarcado, convocó una huelga que paralizó la actividad naval en todo el país. La medida de fuerza provocó que los llamados "vapores de la carrera" que unían Buenos Aires y Montevideo dejaran de operar. Frente a la urgencia del plantel albiceleste por viajar a definir el torneo, autoridades de la Marina de Guerra argentina accedieron a cruzar a los jugadores hasta la ciudad de Colonia del Sacramento a bordo de una torpedera que partió la noche del 12 de octubre, sin las comodidades suficientes para que los deportistas pudieran descansar. El equipo llegó a la otra orilla en la mañana del 13 de octubre y recién por la noche consiguió abordar un tren de la "Central Uruguay Railway" que arribó a Montevideo la mañana misma del partido tras un lento recorrido que incluyó decenas de paradas para subir y bajar tarros con leche de distintas granjas situadas a lo largo de los apenas 160 kilómetros de línea ferroviaria que separan Colonia de la metrópoli oriental. Según el matutino porteño "La Vanguardia", "los jugadores argentinos llegaron a la capital de la vecina orilla en un estado poco menos que desastroso. Sin dormir, viajando de una forma incómoda, no podía haber ocurrido otra cosa. De lo que fue el partido, más vale no acordarse: un referí que bombea y un público completamente hostil y agresivo fue lo que debió soportar el conjunto argentino". Uruguay, tal vez favorecido por la odisea de sus rivales, se impuso finalmente por uno a cero -gol del delantero Héctor Scarone a los 62 minutos- y se quedó con el bicampeonato.

Revancha

La victoria por uno a cero de Argentina sobre Chile en la Copa América de Uruguay 1917, el 6 de octubre en el estadio Parque Pereira de Montevideo, fue producto de una jugada desafortunada del defensor chileno Luis Alberto García. A los 76 minutos, García intentó despejar un avance albiceleste pero, por error, sacó un pelotazo a su propia red que doblegó la resistencia del arquero Manuel Guerrero. Esta conquista fue la única de un parejísimo duelo en el que Chile estuvo a punto de conseguir su primer punto en el campeonato sudamericano. De hecho, el diario uruguayo "Sport" resaltó que "la derrota (trasandina), más que nada, se debe a la mala suerte, cosa que todos reconocen". Empero, García, versátil futbolista del club Thunder de Coquimbo que había sido inscripto en la lista de buena fe como zaguero y arquero suplente de Guerrero, tuvo su revancha algunos días después. Antes de regresar a su patria, la escuadra chilena jugó con la argentina un amistoso en Buenos Aires, el 21 de octubre, que terminó empatado en un gol. García, esa vez, actuó como portero y se dio el lujo de atajarle un penal al mediocampista Francisco Olázar. La magnífica salvada le permitió al versátil futbolista retornar a casa con otro ánimo.

La Copa

El trofeo que simboliza la Copa América se puso en disputa en la segunda edición de la competencia, Uruguay 1917. En el torneo inaugural, Argentina 1916, el equipo campeón, Uruguay, se quedó con un premio donado por el Ministerio de Relaciones Exteriores argentino -que se bautizó "Copa Murature" por José Luis Murature, el canciller que estaba en funciones en esa época-. Para el segundo certamen, la CONMEBOL encargó la confección de un trofeo a la joyería "Escasany" de Buenos Aires. La obra, que costó 3.000 francos suizos de la época, consiste en una suerte de vasija de plata labrada con una base de madera noble para colocar, al final de cada competencia, una chapita con el nombre del vencedor, la sede y el año. Mide unos 75 centímetros de alto y pesa unos nueve kilogramos.

Tragedia

La primera Copa América disputada en Brasil en 1919 arrancó con problemas. El campeonato estaba previsto para 1918, pero una epidemia de gripe que sólo en Rio de Janeiro, ciudad sede del certamen, provocó casi 15 mil muertes, obligó a la postergación del torneo para el año siguiente. La influenza había llegado a la norteña ciudad de Recife en un buque de la armada brasileña que había anclado previamente en Dakar, África, y luego se expandió a gran velocidad por todo el territorio, en especial los grandes centros urbanos. Iniciada la competencia, el 17 de mayo de 1919, en el coliseo Manuel Schwartz, más conocido como "Estadio das Laranjeiras" -un coqueto coliseo de estilo inglés del club carioca Fluminense Football Club, que albergó lo seis choques del evento-, se enfrentaron Chile y Uruguay. En la escuadra celeste debutó ese día el arquero Roberto Chery, conocido como "el poeta" porque, además de jugar al fútbol, solía escribir odas, versos y otros textos. Durante el duelo -que ganaría la selección oriental por dos a cero-, Chery, en una arriesgada acción destinada a impedir un gol trasandino, chocó contra un rival y sufrió un fuerte golpe que le provocó un estrangulamiento de hernia. El portero siguió en su puesto hasta el final, pero terminado el partido fue internado en una clínica, donde murió dos semanas después. El impacto de esa tragedia sacudió a todas las delegaciones. Al día siguiente del fallecimiento, los equipos de Brasil y Argentina diputaron un amistoso para recaudar fondos para la familia del desdichado guardametas. El equipo local homenajeó a Chery vistiendo la camiseta de Peñarol, institución en la que había actuado el fallecido; Argentina, en tanto, lució la celeste charrúa. El encuentro terminó tres a tres y, al no sacarse diferencia los equipos, el trofeo que se había puesto en juego fue donado al club "mirasol" montevideano.

El partido más largo de la Copa

Un día antes de la muerte de Chery, Brasil y Uruguay, que habían finalizado igualados en la tabla de posiciones, con cinco puntos producto de dos victorias y un empate, disputaron un encuentro "extra" para definir el campeonato. Como los primeros 90 minutos terminaron sin goles, el árbitro argentino Juan Barbera -quien había reemplazado a último momento al inglés Robert Todd, acobardado por las casi treinta mil personas que habían colmado el estadio "tricolor" del club Fluminense para presenciar el match culminante- ordenó que se disputara un alargue de media hora dividido en dos tiempos de quince minutos cada uno. Como los arcos continuaron vírgenes, Barbera acordó con los capitanes un segundo período adicional, otra vez de treinta minutos repartidos en dos segmentos iguales. Pasados sólo sesenta segundos de la primera de esas etapas, el delantero local Arthur Friedenreich venció la resistencia del arquero oriental

Cayetano Saporiti y marcó el único tanto del encuentro, que le dio el primer título continental a Brasil. La victoria, concretada tras 150 minutos, dos horas y media de durísima lucha, desató una tremenda alegría en los cariocas, que se lanzaron a las calles a celebrar la proeza (y, como había ocurrido con la gripe un año antes, la locura festiva se desplegó también rápidamente por todo el país). "Arturinho", como se conocía al héroe, fue llevado en andas por los emocionados hinchas. Al día siguiente, un comercio de la calle Ouvidor del centro de Rio de Janeiro exhibió en una de sus vidrieras un botín que aseguraba ser el que había utilizado Friedenreich para marcar la fundamental conquista. La treta publicitaria dio enormes réditos al negocio, que multiplicó sus ventas hasta el cielo. Sin embargo, la artimaña estuvo basada en una "mentirita piadosa", y no porque el zapato no correspondiera al ídolo: el gol de "Arturinho" había sido anotado... ¡de cabeza!

La odisea

Probablemente, en la historia del campeonato sudamericano de selecciones, ningún equipo ha demostrado tanto amor por jugar al fútbol como el combinado chileno que intervino en la edición de Brasil 1919. A pesar de saberse muy inferiores al resto de los participante y con apenas un empate en los seis partidos disputados en las dos copas anteriores (Argentina 1916 y Uruguay 1917), los amateurs futbolistas chilenos emprendieron un tortuoso viaje hacia Rio de Janeiro que, en su primera etapa en tren, incluyó varios cambios de formaciones en distintas estaciones hasta arribar, tres días más tarde, a Buenos Aires. Luego de cruzar el Río de la Plata hacia Colonia del Sacramento, otro convoy ferroviario depositó al equipo en Montevideo. Allí, los chilenos abordaron el trasatlántico Florianópolis junto a sus colegas de Argentina y Uruguay. Tras diez interminables días de movediza navegación, que tuvieron a maltraer a los deportistas, doblegados por mareos y náuseas, se llegó a destino. Los pobres chilenos no tuvieron tiempo de aclimatarse ni de recuperarse del agotador y turbulento viaje: enseguida debieron enfrentar a un equipo local bien entrenado y descansado que no tuvo piedad y los goleó seis a cero. Tras el ya citado dos a cero con Uruguay y otro humillante cuatro a uno con Argentina, los trasandinos debieron aguardar a que terminara el campeonato para retornar en el buque Florianópolis junto a las otras dos delegaciones extranjeras. Después de otros largos doce días de navegación, escala en Montevideo mediante, los chilenos arribaron a Buenos Aires y allí subieron a un tren que demoró muchas horas en trasladarlos hasta Mendoza. La idea de la delegación era continuar en ferrocarril hasta Santiago, la capital de su país, pero una tormenta de nieve había obligado al cierre de todas las vías, carreteras y caminos. Frente a la posibilidad de quedar varados muchas semanas en territorio argentino, futbolistas y dirigentes coincidieron en emprender la arriesgada misión de cruzar la Cordillera de los Andes a lomo de mula... ¡en pleno invierno! El dirigente Romeo Borgheti reveló en una entrevista concedida tiempo después que la peligrosa aventura se encaró con "escasas provisiones: diez salchichones, un queso de cuatro libras, dos cajas de conservas, varias tajadas de jamón y mortadela, seis panes y una botella de coñac. La botella apenas alcanzó. A algunos les agradó más que el pan". Con 22 mulas, el grupo partió desde el paraje mendocino Zanjón Amarillo, cercano a Uspallata. Borgheti narró que la primera parte del trayecto, hasta pasar Puente del Inca, fue "agradable", pero a partir del descenso a pie por la Cuesta de Caracoles, la travesía se tornó "horrorosa". "Nos perdíamos en la nieve a cada rato, rodábamos como bolas", relató. Una tormenta separó el grupo y sólo un milagro evitó que tres de los futbolistas fallecieran enterrados por el manto blanco. Al arquero suplente Guillermo Bernal se le murió la mula y casi perece congelado. Borgheti lo halló al borde del desvanecimiento y le cedió su propia cabalgadura porque el guardametas no podía caminar con los pies entumecidos por el frío. El zaguero Ulises Poirier y el delantero Guillermo Frez, quienes se habían separado de sus compañeros en medio de la ventisca y habían caído de sus animales, fueron encontrados desmayados y semienterrados en la nieve. Reanimados, los jugadores subieron a las mulas de sus compañeros y todos juntos pudieron reanudar la marcha. A pesar de lo severos contratiempos, los futbolistas llegaron a salvo a la estación El Juncal, donde pudieron alimentarse, beber infusiones calientes y descansar. Luego, la odisea prosiguió por tren. El equipo llegó a la capital chilena el 9 de julio, 39 días después de haber zarpado del puerto de Rio de Janeiro. Los muchachos retornaron goleados, hambrientos, congelados, sin un peso en los bolsillos, aunque orgullosos de haber representado a su país con honor.

La roja

Chile ostentaba un récord muy negativo: en nueve partidos jugados en las tres primeras ediciones de la Copa América, apenas había conseguido una igualdad (ante Brasil, por un gol, en Argentina 1916) y sólo había gritado tres tantos frente a 33 recibidos. Poco antes de constituirse en el anfitrión del cuarto torneo sudamericano, un dirigente propuso cambiar el color de la camiseta, blanco, por el rojo que también teñía parte de la bandera nacional. La moción fue aprobada por unanimidad y el 11 de septiembre de 1920, en el estadio Valparaíso Sporting Club de Viña del Mar, la selección anfitriona salió a la cancha con su nuevo uniforme para abrir el campeonato ante Brasil. El flamante atuendo (que recién se consolidaría como "titular" en la década de 1940) fue celebrado con algarabía por los quince mil hinchas que completaron el pequeño coliseo levantado a pocos metros del Océano Pacífico. Sin embargo, la vistosa innovación no alcanzó para modificar el rumbo negativo del equipo. Chile perdió uno a cero con Brasil, empató con Argentina, cayó ante Uruguay por dos a uno y, si bien no sufrió ninguna goleada, otra vez se despidió sin poder saborear una victoria. La derrota ante la selección oriental tuvo un condimento muy particular: el partido fue arbitrado por el referí local Carlos Fanta, el mismo que había sido el técnico chileno en Argentina 1916 y había mediado en tres encuentros de ese certamen. Su ecuánime actuación no sólo fue aprobada por los jugadores uruguayos, sino aplaudida por los hinchas y la prensa de todos los países participantes.

El desertor

Antonio de Miguel, delantero de Newell's Old Boys estaba feliz: sus buenas actuaciones en el equipo rosarino lo habían catapultado a la selección argentina que debía participar de la Copa América de Chile 1920. Contento con la convocatoria, el jugador se dirigió una mañana al Departamento de Policía de Rosario para tramitar el documento que le permitiera trasladarse al país vecino. Sin embargo, apenas se presentó en la delegación para cumplir con la diligencia, fue detenido. ¿Cuál había sido su delito? De Miguel figuraba en la lista de ciudadanos que no habían cumplido con el servicio militar obligatorio vigente en esa época (en Argentina, esta prestación se derogó en 1994 luego de que un soldado llamado Omar Carrasco muriera tras sufrir golpes y abusos físicos de parte de un grupo de superiores dentro de un cuartel de la provincia de Neuquén). Gracias a la intervención de un par de dirigentes de su equipo, el delantero fue liberado y autorizado a viajar a Chile para vestir la camiseta albiceleste. Eso sí: a la vuelta, apenas puso un pie en su país, el futbolista fue llevado de inmediato a una dependencia militar para cumplir con la conscripción. De Miguel ingresó al cuartel con una sonrisa por el deber cumplido.

Penales

Como podrá notarse a lo largo de este libro, la selección argentina ha sufrido en las Copas América muchas decepciones desde los once metros. Las finales de los torneos de Perú 2004, ante Brasil, y Chile 2015, ante el local, en sendas definiciones mediante remates desde el punto del penal, y la eliminación de la edición de 2011, en casa y por la misma vía ante Uruguay, son junto al nefasto triplete de Martín Palermo, en un partido ante Colombia del torneo de Paraguay 1999, algunos de los más recordados tropezones. El primero de los fracasos nacidos en el puntito pintado de cal a once metros del arco tuvo lugar el 12 de septiembre de 1920, cuando el referí chileno Francisco Jiménez sancionó un penal para Argentina que, en ese momento, perdía con Uruguay por uno a cero. El encargado de disparar fue Pedro Bleo Journal, un delantero de Boca Juniors al que se conocía con el apodo de "Calomino". Mas el tiro del jugador "xeneize" fue rechazado por el golero oriental Juan Legnazzi. Argentina consiguió finalmente igualar el tanteador quince minutos más tarde, gracias a una definición del atacante de Estudiantes de La Plata Raúl Echeverría (este "romántico" jugador se retiró pocos años después, luego de marcarle tres goles a Gimnasia en el clásico platense, por considerar que esa extraordinaria actuación había colmado sus expectativas futboleras). El empate le permitió a Uruguay ganar su tercera Copa América, mientras que Argentina tendría que esperar otro año para, en su propia tierra, poder levantar el trofeo y dar su primera vuelta olímpica sudamericana.

Lección de humildad

La selección de fútbol de Paraguay acepto participar por primera vez de la Copa América en la edición de Argentina 1921. Al llegar a Buenos Aires con sus jugadores, el técnico de la escuadra guaraní, el argentino José Manuel Durand Laguna, se cruzó con su colega uruguayo, Ernesto Fígoli, en el hall del hotel donde habían sido alojadas ambas escuadras. Uruguay, defensor del título y tres veces ganador del certamen, era nada menos que el rival del equipo albirrojo en su primer partido oficial. Presuntuoso, Fígoli se burló de su colega: "No te preocupes, 'Negro'. Si querés, les digo a mis muchachos que no ataquen demasiado para no darles una paliza". Durand Laguna no se dejó atropellar, y respondió con una frase que, años más tarde, quedaría en el bronce del fútbol uruguayo al ser pronunciada por el capitán oriental Obdulio Varela antes del "Maracanazo": "No les tenemos miedo. En la cancha somos once contra once". El 9 de octubre, en el estadio de Sportivo Barracas, Paraguay se impuso por dos a uno gracias a dos extraordinarias conquistas de Gerardo Rivas e Idelfonso López. Paraguay no volvió a ganar en el certamen y terminó último en la tabla de posiciones. A su entrenador no le importó demasiado. La lección brindada a su colega "celeste" fue un valioso premio para esa primera experiencia continental.

Por fin, Argentina

Luego de cuatro participaciones decepcionantes, Argentina consiguió en 1921 su primer título continental. La nación albiceleste fue la encargada de organizar la quinta edición de la Copa América que, por primera vez, contó con un nuevo participante, Paraguay, que reemplazó a Chile, ausente por estar sumido en un conflicto entre la

Asociación de Fútbol y la Federación Deportiva nacional. En el estadio de Sportivo Barracas, la escuadra celeste y blanca venció a Brasil (1-0), Paraguay (3-0) y Uruguay (1-0) sustentada en dos baluartes: el arquero Américo Tesoriere (Boca Juniors), que mantuvo su valla invicta a lo largo del campeonato, y el delantero Julio Libonatti (Newell's Old Boys), que marcó tres goles, uno en cada encuentro. La efectividad del rosarino maravilló tanto al público que, al finalizar el último match, un nutrido grupo de hinchas invadió la cancha, levantó en andas al héroe y lo llevó en caravana hasta la céntrica Plaza de Mayo, distante a unos cinco kilómetros de Sportivo Barracas, donde los festejos se extendieron hasta el anochecer en los bares vecinos. La fama de Libonatti cruzó rápidamente el Atlántico y lo convirtió en el primer futbolista sudamericano en ser contratado por un equipo europeo: Torino Football Club de Italia. Con la escuadra granate, Libonatti jugó nueve años, en los que intervino en 284 partidos y marcó 157 goles (sólo superados por los 172 de Paolo Pulici, aunque éste actuó quince temporadas entre 1967 y 1982). El rosarino, además, fue el primer extranjero en vestir la camiseta "azzurra" de la selección italiana.

El presidente racista

El brasileño Arthur Friedenreich -quien ya ha sido citado en este libro a raíz de sus hazañas coperas- tenía por costumbre llegar al vestuario un largo rato antes que sus compañeros. El "Tigre", fruto del amor entre un blanquísimo alemán y una hermosa mulata, había nacido con la piel demasiado oscura para ser aceptado en el oligárquico círculo futbolero de San Pablo de principios del Siglo XX. Por ello, para vivir su apasionado romance con la pelota, Friedenreich comenzaba muy temprano a prepararse para cada partido: con un fijador especial y un gastado peine, se atusaba el pelo para que los rulos desaparecieran y dejaran, en su lugar, lacios mechones "europeos". Asimismo, el polvo de arroz, esparcido con esmero por el rostro, los brazos y el dorso de las manos, obraba de maravillas para aclarar la epidermis. Los compañeros del "Tigre" sabían que una rama de su árbol genealógico llegaba hasta África, pero nunca cometieron la infidencia de revelar el gran secreto, temerosos de perder al mejor jugador de la liga paulista. Friedenreich, a quien se le acredita la fantástica suma de 1.354 goles en 25 años de carrera, hubiera sido echado de inmediato de los campos reservados para la "high society".

La "polenta" del gran delantero trascendió la frontera del estado de San Pablo y el "Tigre" fue convocado para integrar la Selección en la Copa América de 1919, la primera organizada por Brasil. El 29 de mayo, como ya se relató, su cabeza fue clave para que el conjunto local alcanzara su primera gran conquista. Lamentablemente, tanta gloria no fue suficiente para que el gran héroe viajara a las ediciones de la Copa América de Chile 1920 y Argentina 1921. Al presidente brasileño Epitácio Pessoa se le cruzó la descabellada idea de prohibir la incorporación de jugadores de raza negra a la escuadra nacional, y nada le importó la calidad del notable artillero a la hora de exigir que se cumpliera su caprichosa voluntad. La historia de Friedenreich había salido a la luz y ya no alcanzaba con el polvo de arroz para ocultarla. Los resultados del equipo brasileño en esas dos competencias fueron muy flojos, y en 1922, cuando el torneo volvió a Rio de Janeiro, los directivos acudieron al despacho de Pessoa para rogarle que revirtiera la irracional medida. Le señalaron que un nuevo título caería como un bálsamo en el ánimo del pueblo y que el "Tigre" era imprescindible para ganar. A regañadientes, el mandatario accedió a indultar al mestizo. Brasil volvió a contar con su estrella y, aunque Friedenreich pudo disputar apenas dos encuentros, a causa de una lesión, el equipo, envalentonado, consiguió su segunda Copa América tras derrotar a Paraguay por tres a cero en un partido de desempate.

Aplausos por decreto

El empate 1-1 que abrió el torneo de Brasil 1922, el 17 de septiembre entre la selección local y la de Chile en el "Estadio das Laranjeiras", cayó muy mal al público de Rio de Janeiro. Disconformes con el resultado, el juego brusco de los visitantes y la actuación del árbitro uruguayo Ricardo Vallarino, los hinchas provocaron algunos desmanes en las tribunas, que no pasaron de agravios y gritos amenazantes. Como repuesta al comportamiento del público -que no había provocado, siquiera, heridos ni daños a la estructura del coliseo-, el alcalde de Rio, Carlos Sampaio, firmó un riguroso decreto que amenazaba con penas de prisión y fuertes multas a quienes no procedieran de manera educada en las canchas. La disposición prohibía insultar a los protagonistas y destacaba que "sólo será permitido, en lo sucesivo, aplaudir".

No fue gol por dos años

Durante el duelo que Uruguay y Chile protagonizaban el 23 de septiembre de 1922 en "Laranjeiras", por la Copa América que Brasil organizó ese año, el zurdo delantero trasandino Víctor Varas ejecutó un tiro de esquina desde la derecha con tanta rosca que la pelota terminó clavada en el ángulo del arco que defendía el arquero Fausto Batignani. Varas celebró el descuento -en ese momento, el equipo oriental se imponía por dos a cero- pero el árbitro paraguayo Francisco Andreu Balcó anuló la conquista, debido a que el balón había ingresado de manera directa, sin que la tocara otro futbolista. El lanzador chileno se quejó y suplicó al juez rever su medida, mas no tenía razón: en ese momento, el "córner" era considerado "tiro libre indirecto", estatus que cambió recién dos años más tarde, el 15 de junio de 1924, durante una reunión de la International Football Association Board (IFAB). Se dice que la norma se cambió no por el reclamo de Varas, sino por dos tantos que el uruguayo Héctor Scarone marcó directamente desde la esquina en los Juegos Olímpicos de París 1924, uno a Yugoslavia, el 26 de mayo en la primera ronda, y otro a Suiza, en la final del 9 de junio. El primer gol convalidado oficialmente tras ser anotado en forma directa mediante un envío desde la esquina, lo marcó Billy Alston, del club Saint Bernard's de la segunda división de Escocia, el 21 de agosto de 1924. Unos días más tarde, el 2 de octubre, este tipo de conquistas fue bautizado para siempre como "gol olímpico" porque un delantero argentino del club Huracán, Cesáreo Onzari, logró batir de esa manera al arquero uruguayo Andrés Mazzali durante un amistoso jugado en Buenos

Aires, en el estadio de Sportivo Barracas. La denominación surgió porque el equipo oriental acababa de ganar la medalla de oro en el torneo de fútbol de los Juegos Olímpicos de París. Por ello, el "gol de Onzari a los olímpicos", pronto quedó reducido a "gol olímpico", denominación que trascendió el Río de la Plata y se utiliza en casi todo el mundo futbolero.

El primer relator

Se asegura que la primera transmisión radial de un partido de fútbol desde un país a otro tuvo lugar el primero de octubre de 1922, cuando Brasil y Uruguay se enfrentaron por la Copa América disputada ese año en Rio de Janeiro. El sistema de comunicación fue bastante complejo: el cronista enviado por el diario "El Plata" de Montevideo para cubrir el certamen, Eduardo Arechavaleta, mandaba mensajes desde el estadio a través del sistema telegráfico que eran recibidos en la sede del periódico, "traducidos" a un papel y llevados hasta la terraza del edificio. Allí, otro periodista, Claudio Sapelli, con un micrófono conectado a un transmisor de radio de 20 watts de potencia, con muchísima imaginación "relataba" las acciones. Esta experiencia, realizada a pocos metros de la Plaza Independencia del centro de la capital oriental, se difundió también mediante un altavoz orientado hacia la calle, donde se congregó una gran cantidad de público interesada en las alternativas del duelo, que terminó sin goles. La audiencia reunida frente a la sede del diario fue bastante más numerosa que la que siguió "el partido" desde las casas particulares, ya que en ese momento, en todo Uruguay, había sólo 75 receptores de radio.

Deserción

La Copa América de 1922 fue la primera que contó con cinco participantes: Brasil (el país anfitrión), Argentina, Uruguay, Chile y Paraguay. La contienda fue tan pareja como polémica. Las actuaciones arbitrales provocaron tantos litigios que un equipo, Paraguay, abandonó un partido y otro, Uruguay, directamente prefirió regresar a casa y renunciar a un desempate por el título. El primero de los incidentes ocurrió el 18 de octubre en el "Estadio das Laranjeiras" -la casa del club carioca Fluminense FC, que fue otra vez escenario de todos los choques del certamen-, cuando el árbitro local Enrique Vignal sancionó un penal a diez minutos del final para la selección argentina, que ya derrotaba por uno a cero (gol de Juan Francia, un delantero que actuaba en Tiro Federal de Rosario) a Paraguay. Los futbolistas guaraníes, que con un empate en esa jornada, la última del torneo, se consagraban campeones, decidieron largarse del terreno de juego por considerar que Vignal actuaba con parcialidad para evitar la consagración albirroja y forzar, con el triunfo albiceleste, un desempate extra entre Brasil, Uruguay y el propio Paraguay. El único jugador que quedó en su puesto fue el arquero Modesto Denis, que optó por enfrentar el remate del goleador Francia. En realidad, de acuerdo con el reglamento, el referí debió haber terminado el match inmediatamente después del abandono de los paraguayos, por no contar la escuadra guaraní con el número mínimo de integrantes en la cancha, y expulsado, al mismo tiempo, a los diez desertores, por haber escapado sin su autorización. La cuestión fue que el atacante argentino ejecutó el penal, venció a Denis y el árbitro pitó el final diez minutos antes de que se cumpliera el tiempo reglamentario.

Uruguay, por su parte, desistió de participar de un triangular final con Brasil y Paraguay en repudio a la actuación de otro referí local, Pedro Santos, acusado de haber actuado con abusiva parcialidad en el duelo de los orientales con la escuadra guaraní. Según los futbolistas y dirigentes celestes, Santos había anulado dos tantos legítimos de su equipo y, en cambio, había avalado un gol del paraguayo Carlos Elizeche aunque, en la jugada previa, la pelota había salido claramente por un lateral del terreno de juego. Debido a la renuncia oriental, el campeonato se definió con un solo partido entre los locales y los paraguayos. El 22 de octubre, Brasil goleó a su rival albirrojo por tres a cero y se consagró por segunda vez campeón del torneo sudamericano.

La Copa América que produjo una medalla de oro olímpica

"¿Quieren un premio? Perfecto: Si ganan la Copa América, les pagamos el viaje a los Juegos Olímpicos". José Nazzazi, José Andrade, Héctor Scarone, Pedro Cea y Pedro Petrone se quedaron helados con el ofrecimiento lanzado por los dirigentes uruguayos, encabezados por el médico pediatra Atilio Narancio. Tenían en sus manos -o, mejor dicho, en sus pies- la gran posibilidad de viajar a París para disputar el torneo más prestigioso del momento, en el que nunca había intervenido una selección americana. Motivados por la singular recompensa, los once celestes fueron una manada de fieras hambrientas que ganó todos los partidos disputados en el estadio del Parque Central durante la séptima edición del campeonato sudamericano, desarrollada en Montevideo entre noviembre y diciembre de 1923: dos a cero a Paraguay, dos a uno a Brasil y dos a cero a Argentina. Acallados los festejos del nuevo éxito continental, los directivos cumplieron su palabra y al año siguiente Uruguay concurrió a la cita olímpica. En su libro "Fútbol a sol y sombra", el escritor oriental Eduardo Galeano detalla que "era la primera vez que un equipo latinoamericano jugaba en Europa. Uruguay enfrentaba a Yugoslavia en el partido inicial. Los yugoslavos enviaron espías a la práctica. Los uruguayos se dieron cuenta, y se entrenaron pegando patadas al suelo, tirando la pelota a las nubes, tropezando a cada paso y chocándose entre sí. Los espías informaron: 'Dan pena estos pobres muchachos que vinieron de tan lejos'. Apenas dos mil personas asistieron a aquel primer partido. La bandera uruguaya fue izada al revés, con el sol para abajo, y en lugar del himno nacional se escuchó una marcha brasileña. Aquella tarde, Uruguay derrotó a Yugoslavia por siete a cero". El campeonato fue casi un paseo para la escuadra celeste: tras la goleada a Yugoslavia, venció por tres a cero a Estados Unidos, cinco a uno a Francia, dos a uno a Holanda y tres a cero a Suiza, en la final. El viaje "desde tan lejos" no había sido en vano. Uruguay repetiría cuatro años más tarde la medalla de oro en los Juegos de Ámsterdam, en una reñida final ante Argentina, la única de la historia olímpica que se jugó dos veces: en la primera igualaron 1-1, y en la segunda, tres días más tarde, el equipo oriental se impuso por dos a uno. Estos dos títulos olímpicos son muy valorados en Uruguay, tanto como los Mundiales. De hecho, el escudo de la Asociación Uruguaya de Fútbol posee cuatro estrellas: dos por los Juegos de París y Ámsterdam, y dos por los Mundiales ganados en 1930 (en Montevideo) y 1950 (en Brasil). Y está bien, porque antes de que naciera la Copa del Mundo, los Juegos Olímpicos eran, en los hechos, el escenario del mejor fútbol del planeta.

Los campeones llevaron en andas al arquero... ¡rival!

En 1924, el honor de organizar la Copa América recayó en la Asociación Paraguaya de Fútbol (APF). Sin embargo, la grave crisis económica que atravesaba la nación guaraní no permitió a los dirigentes reunir los fondos necesarios para modernizar los precarios estadios de Asunción –"Ni siquiera tenemos dinero para comprar las pelotas para el torneo", se quejó amargamente uno de ellos. Frente a esta problemática, la APF decidió asumir la dirección del campeonato, pero en otro país: Uruguay. Así, al igual que en 1923, los seis partidos del torneo se disputaron entre octubre y noviembre en el Parque Central de Montevideo. La selección celeste, campeona en la edición anterior y flamante medalla de oro en los Juegos Olímpicos de París, volvió a apoderarse del trofeo continental con el invaluable aporte de Pedro Petrone, el goleador de la competencia, con cuatro gritos. Empero, si bien el éxito "en los números" correspondió al equipo local –que goleó a Chile cinco a uno y a Paraguay, tres a uno-, los laureles se los llevó un arquero foráneo, llegado desde la otra margen del Río de la Plata: Américo Tesoriere. El guardametas, la gran figura del campeonato, se retiró invicto del Parque Central: Argentina igualó sin tantos con Paraguay el 12 de octubre, derrotó dos a cero a Chile el 25 y empató con Uruguay, otra vez con el marcador en blanco, el 2 de noviembre. "Un año antes, allá mismo, había jugado el Sudamericano enfermo. Los paraguayos me metieron tres y los uruguayos dos. En el '24 me vengué", comentó años después, en un reportaje, el gran arquero de Boca Juniors, quien ya había conseguido mantener indemne su portería en la Copa América de 1921, desarrollada en Buenos Aires. Según confió el mismo Tesoriere, en la capital oriental "adivinaba todo, tenía una lucidez bárbara. Los uruguayos debieron golearnos. Tuvieron muchas oportunidades. Esa tarde estaba iluminado: me tiraba y la pelota llegaba a mis manos". Cuando el árbitro chileno Carlos Fanta pitó el final del juego, los futbolistas celestes, en lugar de celebrar una nueva Copa, rodearon al arquero argentino para felicitarlo calurosamente. Dos de ellos, Ángel Romano y Alfredo Zibechi, levantaron a Tesoriere y emprendieron una "vuelta olímpica" con el imbatible cancerbero sentado sobre sus hombros. El público ("eran otros tiempos, era otra la historia", aseguraba el comercial televisivo de una cerveza argentina) aplaudió con vehemencia a sus guerreros campeones, y más al imbatible Tesoriere, que esa tarde se convirtió en leyenda en ambas márgenes del río más ancho del mundo.

Doble debut

El 12 de octubre de 1926, en el desaparecido estadio "Campos de Sport de Ñuñoa" de Santiago de Chile, la selección de Bolivia jugó su primer partido oficial. El estreno, correspondiente al match inaugural de la Copa América que por segunda vez se disputaba en Chile, se produjo ante la escuadra anfitriona, que nunca había ganado en el torneo sudamericano -en seis campeonatos y 19 partidos, apenas había conseguido tres empates-. La tarde no pudo ser mejor para el equipo local, puesto que se impuso por siete a uno. Además de romper su negro maleficio, consiguió el primer gol "olímpico" de la historia del certamen, de los pies de su delantero zurdo Humberto Moreno. Bolivia, en tanto, volvió a su tierra sin puntos y con 24 goles en contra en solamente cuatro partidos: cayó 5-0 con Argentina, 6-1 con Paraguay y 6-0 con Uruguay.

Chi, Chi, Chi...

Hace muchísimos años que, cada vez que la selección chilena aparece en una cancha de fútbol, sus hinchas elevan un grito de guerra que estimula a sus jugadores: "Chi, Chi, Chi, le, le, le, viva Chile". Sin embargo, el periodista Luis Urrutia O'Nell, conocido por el pseudónimo "Chomsky", cuenta en su libro "Anecdotario de la Copa América" que, en esta edición de 1926, el "rugido" de las tribunas era un tanto más ingenuo: "Fra, fre, fri, fro, fru, viva Chile". La edulcorada arenga logró su objetivo de motivar a los jugadores locales ante Bolivia y Paraguay, rivales ante los que la escuadra chilena hilvanó sendas goleadas 7-1 y 5-1, respectivamente. Pero de poco sirvió la ingenua proclama frente a Argentina (el duelo terminó 1-1) y de nada ante Uruguay, que se impuso por tres a uno y se consagró campeón.

Juez y cábala

El referí uruguayo Aníbal Tejada condujo su primer partido de Copa América en la edición de Chile 1926. Ese día, en la cancha de Ñuñoa, Argentina aplastó a Bolivia por cinco a cero. A lo largo de cinco campeonatos sudamericanos, Tejada arbitró 15 duelos, en nueve de los cuales jugó el equipo albiceleste. ¿Cómo le fue a Argentina? Luego de la goleada sobre Bolivia, venció a Perú (3-0, 1-0 y 3-1), a Chile (2-1 y 1-0), a Paraguay (6-1), a Brasil (1-0) y a Ecuador (6-1). Con nueve triunfos en nueve partidos, el juez oriental se transformó en una infalible cábala para los argentinos.

Promedio de gol

La flojísima actuación boliviana citada en el relato anterior explica el alto promedio de gol de la Copa América de Chile 1926 (5,5 por partido), al que también contribuyó, de manera pasiva, Paraguay, vapuleado por Argentina (8-0), Uruguay (6-1) y Chile (5-1). Sin embargo, el campeonato récord en esta materia se produjo un año más tarde, cuando Perú organizó en Lima, su capital, un certamen que sólo contó con la presencia de Argentina, Uruguay y Bolivia, además del equipo local. La escuadra del altiplano, que en Chile se había comido una media de seis tantos por juego, logró empeorar su registro al caer 7-1 con Argentina y 9-0 con Uruguay. Su "hazaña" fue perder "apenas" tres a dos con el país anfitrión, que fue además humillado por el equipo albiceleste (5-1) y también por el oriental (4-0). La victoria argentina sobre su clásico oponente rioplatense, tres a dos, no sólo le otorgó el tercer título al combinado albiceleste (el segundo había sido en 1925 en Buenos Aires, certamen al que sólo habían aceptado viajar Brasil y Paraguay), sino que redondeó el mejor promedio de gol de la historia de la Copa: 6,16, producto de 37 conquistas en apenas seis encuentros.

En diferido y en indirecto

Entre el 30 de octubre y el 27 de noviembre de 1927, Argentina se impuso con gran jerarquía en la primera Copa América organizada por Perú. El equipo conducido por el español José Lago Millán aplastó a Bolivia y a la escuadra local por siete a uno y cinco a uno, respectivamente, y doblegó a Uruguay en un reñido match que terminó tres a dos. La brillante campaña albiceleste repercutió con fuerza en Buenos Aires, donde miles de hinchas salieron a la calle para festejar una excelsa campaña que habían disfrutado a través de la radio, el medio de comunicación más moderno de la época para seguir las alternativas de los partidos desarrollados lejos de casa. Casi medio año más tarde de la finalización del torneo, en el cine Grand

Splendid de la capital argentina se estrenó "La película del Décimo Campeonato Sudamericano de Fútbol". El público desbordó las instalaciones del teatro, se emocionó con las imágenes del certamen y hasta gritó los goles registrados en la cinta como si se tratara de una emisión "en vivo y en directo".

Pase-gol del embajador

El triunfo argentino sobre el equipo peruano en el último juego de la Copa América desarrollada en Lima en 1927, que selló la conquista del trofeo continental para los albicelestes, comenzó a plasmarse mediante una extraña jugada que debió haber sido anulada por el árbitro uruguayo Victorio Gariboni. Antes de que comenzara el encuentro, que tuvo lugar el 27 de noviembre en el "Stadium Nacional" de Lima ante unas quince mil personas, las autoridades habían dispuesto que el embajador de Estados Unidos en Perú, Miles Poindexter, diera el "puntapié inicial", una formalidad diplomática muy común en esa época en todo el mundo y en la mayoría de los deportes. A la hora señalada y con los dos equipos dispuestos sobre el terreno de juego, cada uno en su mitad, Poindexter pateó el balón hacia el campo argentino, donde los visitantes lucían ese día una inusual camiseta celeste cruzada por una franja horizontal blanca. La pelota llegó a los pies del defensor Humberto Recanatini quien, sin detener la acción, ejecutó un largo envío hacia territorio peruano. El delantero Manuel "Nolo" Ferreira, quien había "picado" hacia el área rival, dominó el esférico y, ante la sorpresa de los zagueros locales, que no movieron un músculo para detener su acción, vulneró el arco que defendía Jorge Pardón. Los jugadores peruanos protestaron mas el referí Gariboni convalidó la conquista por considerar, de manera equivocada, que el partido había comenzado con el toque de Poindexter.

Otra lección guaraní

En noviembre de 1929, Paraguay y Uruguay prácticamente repitieron la historia sucedida en 1921. Otra vez se enfrentaron en su debut la Copa América, otra vez en Buenos Aires -aunque en el estadio de River Plate-, otra vez con el argentino José Manuel Durand Laguna como técnico del equipo guaraní. En esta oportunidad, la tarde comenzó mal para el seleccionado albirrojo, porque a los 8 minutos el defensor Ramón Viccini sufrió la fractura de una de sus piernas y debió retirarse de la cancha. A pesar de quedar diez contra once, los paraguayos se recompusieron y lograron una victoria fenomenal por tres goles a cero. Un marcador que se agiganta si se tiene en cuenta que los uruguayos, con prácticamente los mismos jugadores, se consagrarían campeones pocos meses después en el primer Mundial, disputado en Montevideo en 1930.

Capítulo 2
Desarrollo continental

La irrupción del profesionalismo en las principales ligas del continente contribuyó a que el fútbol sudamericano iniciara un poderoso y constante ascenso. Jugadores de Argentina, Uruguay y Brasil comenzaron a nutrir las ligas de países vecinos y la Copa América creció con la participación de grandes figuras y la incorporación de nuevas naciones, como Ecuador y Colombia. En esta etapa, Argentina ganó la mitad de las competencias: ocho de dieciséis. Asimismo, en las ediciones de Chile 1945, Argentina 1946 y Ecuador 1947, el equipo albiceleste alcanzó un hito que nunca fue igualado: ganar tres torneos en forma consecutiva.

Seis años

La final del Mundial de Uruguay 1930, ganada por la selección local por cuatro a dos sobre Argentina, provocó una seria disputa entre los dos países. Los directivos argentinos denunciaron haber recibido amenazas y agresiones antes y durante el desarrollo del match culminante que coronó el equipo celeste, y rompieron relaciones con sus pares del otro lado del Río de la Plata. Este conflicto afectó directamente el normal desarrollo de la Copa América, que estuvo suspendida durante seis años. En 1935, al cumplirse el cuarto siglo de vida de la ciudad de Lima, capital de Perú, la federación andina invitó a Argentina, Uruguay y Chile a participar de un torneo. Las dos naciones en pugna aceptaron intervenir en el certamen, primero calificado como "extraordinario" o "no oficial" y luego incorporado al historial del campeonato sudamericano. La única condición que pusieron los dirigentes rioplatenses fue no utilizar sus camisetas tradicionales. Así, Argentina vistió de blanco y Uruguay, de rojo, su actual color alternativo.

Cambio, juez

El campeonato de Perú 1935 presentó una innovación que, con el correr del tiempo, se perfeccionaría, consolidaría y extendería a todos los ámbitos futboleros: la sustitución de jugadores. La norma, que se introdujo de manera "experimental", permitía hasta tres cambios por equipo aunque sólo por la eventual lesión de alguno de los protagonistas. El primer reemplazo tuvo lugar en el encuentro inaugural: el chileno Enrique Sorrel ingresó por su compatriota Moisés Avilés. En sólo un partido de los seis del certamen, un equipo no recurrió a esta alternativa: Argentina, en su victoria por cuatro a uno sobre la escuadra anfitriona, mantuvo los once titulares.

La expulsión que no existió

Debieron pasar 21 años y trece ediciones de la Copa América para que se produjera la primera expulsión en este torneo continental.

El 10 de enero de 1937, durante el quinto certamen organizado en Argentina, la selección de Chile sorprendió a la de Uruguay en el "Gasómetro" -la antigua cancha que San Lorenzo tenía en Boedo, sobre la avenida La Plata- al derrotarla por tres a cero, con dos conquistas de Raúl Toro y una de Manuel Arancibia. Cinco minutos antes del final, con el marcador "cocinado", el árbitro local Bartolomé Macías echó del campo de juego al delantero oriental Juan Emilio Piriz, por haber lanzado una patada descalificadora a un oponente. El atacante celeste se convirtió así en el primer futbolista en ser expulsado de la cancha en la historia de esta competencia (la medida fue tomada "de palabra" porque las tarjetas roja y amarilla recién serían inventadas treinta años más tarde por el árbitro inglés Ken Aston, inspirado en los colores "universalmente conocidos" del semáforo). Seis días más tarde de ese episodio, en el mismo escenario, Argentina vencía a Perú por uno a cero -gol del delantero de Estudiantes de La Plata Alberto Zozaya- pero la pasaba muy mal: el equipo visitante atacaba por todos los frentes en pos de conseguir la igualdad. A los 84 minutos, el referí uruguayo Aníbal Tejada echó al defensor local Antonio Sastre. Según los medios de la época, la medida de Tejada fue injustificada, y se acusó al hombre de negro de "vengarse" de la remoción que había sufrido su connacional Piriz ante Chile. Sin embargo, a pesar del fallo, Argentina continuó el encuentro con once hombres. Como se dijo, los árbitros informaban sus fallos de manera oral, con algún gesto que no siempre era fácil de precisar a la distancia. Mientras el expulsado Sastre se acercaba a la línea de cal, el técnico argentino Manuel Seoane, en una rápida y hábil maniobra, hizo ingresar a Héctor Blotto en "reemplazo" del sancionado. Tejada no alcanzó a ver la estratagema, y sus jueces de línea y el "banco" peruano, de manera ingenua, supusieron que se trataba de un reemplazo convencional, por lo que no denunciaron el hecho al referí. En igualdad de condiciones, el conjunto de Argentina resistió el embate peruano y terminó el encuentro victorioso por la mínima diferencia. Este resultado fue clave para el local, que culminó la rueda "todos contra todos" en el primer puesto junto a Brasil, ambos con ocho puntos. Si Perú hubiera igualado, el trofeo habría viajado hacia Rio de Janeiro en poder de los hombres dirigidos por Adhemar Pimenta. Para resolver la paridad se jugó un desempate el primero de febrero, otra vez en San Lorenzo: Argentina se impuso a Brasil por 2 a 0 y levantó la Copa América por quinta vez.

We are the champions

La victoria de Perú, país organizador de la Copa América de 1939, logró romper una hegemonía triunfal que, en el continente, se conocía como "del Atlántico" porque los 14 torneos anteriores habían sido ganados sólo por Argentina, Brasil y Uruguay, tres naciones cuyas costas son bañadas por ese océano. Dos factores contribuyeron al éxito incaico: primero, las ausencias de Argentina y Brasil; segundo, la contratación de un técnico inglés, Jack Greenwell, quien logró organizar un equipo competitivo y bien aceptado, y transmitir un espíritu ganador a sus jugadores. De la mano del británico, Perú venció 5-2 a Ecuador, 3-1 a Chile, 3-0 a Paraguay y 2-1 a Uruguay. Greenwell -quien, al mismo tiempo, era entrenador del equipo limeño Universitario de Deportes- se convirtió así en el segundo técnico europeo en ganar el preciado certamen sudamericano, después del español José Lago Millán con Argentina, en la edición de, vaya coincidencia, Perú 1927.

Medallas

El partido que Perú le ganó a Uruguay por dos a uno fue el último del certamen y, en los hechos, una verdadera final, ya que ambos equipos habían arribado al match culminante con la misma cantidad de puntos, producto de cuatro victorias sin empates ni derrotas. Terminado el encuentro, los organizadores se permitieron un ligero cambio de planes y entregaron medallas de plata a los campeones, y de oro a quienes habían terminado en segundo lugar. Según el libro "Los 500 datos caletas de la Copa América", del periodista peruano Daniel Peredo, este detalle se debió a un genuino y espontáneo homenaje que los dirigentes de la federación local quisieron rendirles a los jugadores orientales por considerarlos "nuestros maestros en el fútbol".

Otro estreno para el olvido

La aparición de Ecuador en el torneo sudamericano de selecciones no tuvo nada que envidiar al inicio de Bolivia. En su primer examen, la Copa de Chile 1941, la escuadra amarilla cosechó solamente duras derrotas y un total de 21 goles en contra: fue apabullada por la selección local 5-0, por Uruguay 6-0, por Argentina 6-1 y por Perú 4-0.

El único tanto a favor, empero, merece ser destacado por haber sido anotado mediante un "gol olímpico" por Augusto Freire.

Una curiosidad del debut ecuatoriano ante la escuadra anfitriona consistió en que el árbitro argentino Bartolomé Macías fue secundado por dos futbolistas uruguayos, Héctor Romero y Avellino Cadilla.

Goleador de una noche

La Copa América de Chile 1941 tuvo un extraño héroe: el delantero argentino Juan Marvezzi. El atacante, que en ese momento representaba al club Tigre, se consagró goleador del campeonato con cinco conquistas. Lo curioso de su performance fue que consiguió todos los tantos en un solo encuentro, la victoria argentina sobre Ecuador por seis a uno. En este torneo, Marvezzi actuó también frente a Perú y Uruguay, pero no logró nuevos gritos. Terminado el certamen, el goleador no volvió a ser convocado para vestir con la camiseta celeste y blanca.

Recompensa nefasta

Para la edición de Uruguay 1942, el fixture sorteado había determinado que el partido inaugural lo jugaran Uruguay y Ecuador. Pero el barco que trasladaba a la selección tricolor demoró casi una semana su llegada a Montevideo. A raíz de este incidente, Chile, que había llegado con bastante antelación a la capital oriental, se ofreció para abrir el certamen con el equipo local, el 10 de enero en el estadio Centenario. La gentileza le salió mal: perdió seis a uno. El debut del demorado Ecuador, en tanto, no fue mejor, porque el 18 de enero fue abatido por el equipo charrúa por siete a cero.

No podía ser de otra manera...

En un intento por mejorar sus actuaciones, la federación chilena decidió contratar un técnico europeo, el húngaro Ferenc Platko, para la edición de Uruguay 1942, con la esperanza de repetir el buen desempeño alcanzado por Perú con el inglés Jack Greenwell unos años antes. Sin embargo, la ilusión trasandina se hizo añicos en el debut ante Uruguay, el 10 de enero, en el partido inaugural de la competencia: en el estadio Centenario, la escuadra oriental se impuso por seis a uno. Antes del segundo encuentro, ante Brasil el 14 de enero en el mismo escenario, un periodista le preguntó a Platko si había previsto cambiar su táctica, dado el pésimo arranque. "De ninguna manera", respondió, con soberbia, el tozudo entrenador magiar: "Vamos a utilizar la misma que contra Uruguay". La obstinación de Platko tuvo como recompensa una derrota calcada, porque con "la misma" estrategia, Chile perdió con Brasil... ¡seis a uno!

Cambio de arquero

El húngaro Ferenc Platko no había variado la estrategia en los dos duelos iniciales de la Copa América de Uruguay 1942, pero una contrariedad había obligado a cambiar el arquero. A raíz de la lesión de Mario Ibáñez en la mitad del debut, con el marcador 3-1 para Uruguay, el entrenador reemplazó al "1" con Hernán Fernández, su suplente. Fernández recibió otros tres tantos en ese mismo choque y seis más ante Brasil. Alarmado por la flojísima actuación del portero, Platko decidió convocar a Sergio "el sapo" Livingstone, el guardametas de Universidad Católica, quien tomó un avión para incorporarse al plantel trasandino que estaba en Montevideo. Chile no volvió a ser goleado -llegó, inclusive, a vencer a Ecuador, igualar con Perú sin goles y casi vencer a Argentina, como se verá más adelante en este libro-. La estupenda actuación de Livingstone despertó el interés de varios clubes, entre ellos del argentino Racing Club, que lo contrató tras pagar 280 mil pesos (unos 24 mil dólares de entonces), todo un récord para la época.

Máxima goleada

Si el estreno ecuatoriano en el ámbito sudamericano fue frustrante en Chile 1941, sus dos primeros partidos en la edición siguiente de la Copa América, Uruguay 1942, fueron el descenso al último círculo del infierno. Como se indicó en un relato anterior, la selección de Ecuador debutó en el certamen el 18 de enero con un bochornoso siete a cero adverso que le propinó el equipo local en el estadio Centenario. Cuatro días más tarde, la escuadra tricolor sufrió una goleada que sigue siendo récord en el torneo continental: doce a cero ante Argentina. En este match, el delantero José Manuel Moreno anotó cinco tantos, mientras que Herminio Masantonio consiguió cuatro. Tres de las conquistas de Masantonio se concretaron en menos de cinco minutos, "hat-trick" que sería récord hasta la edición de Perú 1957, en la cual el brasileño Evaristo de Macedo Filho logró tres goles en apenas cuatro minutos frente a Colombia. Ecuador regresó a casa otra vez avergonzado, sin puntos y con 31 goles en contra. Su mayor logro en esta competencia fue haber perdido dos duelos por dos a uno, ante Perú y Chile. Años más tarde, en 1975, Argentina conseguiría la segunda mayor goleada de la Copa al humillar a Venezuela por once a cero.

Cuenca de los ojos

Hasta la edición de Chile 2015 inclusive, la selección argentina se mantenía invicta ante la chilena, con 19 victorias y seis empates en 25 partidos. No obstante, la estadística pudo cambiar el 31 de enero de 1942, cuando estas dos escuadras se enfrentaron en el estadio "Centenario" de Montevideo. Durante el primer tiempo del cotejo, la escuadra roja superó en juego a su rival trasandino, al punto de generar acciones muy peligrosas para el arquero Sebastián Gualco. Las permanentes incursiones chilenas derivaron en dos jugadas muy polémicas, ambas reclamadas como claros penales por supuestas infracciones dentro del área argentina. Empero, el árbitro peruano Enrique Cuenca se negó en los dos casos a pitar la falta desde los once metros. Enfurecidos por la actitud del referí, que consideraron parcial, los futbolistas "rojos" reclamaron su sustitución. Como los organizadores se negaron a cambiar al juez, los chilenos se fueron de la cancha a los 41 minutos de la etapa inicial, aunque el marcador permanecía en blanco, y renunciaron a seguir compitiendo en el torneo. Luego, ante la amenaza de una severa sanción, el equipo aceptó actuar en sus compromisos programados con Ecuador y Perú. Argentina ganó los puntos del polémico partido por abandono.

Indulgencia charrúa

Debieron pasar 17 campeonatos continentales para que Colombia hiciera, por fin, su debut en la Copa América. La "tricolor" recién participó del decimoctavo campeonato, jugado en Chile en 1945. La llegada del equipo "cafetero" al certamen –se afirma que estuvo integrado sólo por jugadores del Club Deportivo Junior de Barranquilla- fue verdaderamente a pulmón, y no sólo por ser representado por futbolistas amateurs: los propios deportistas debieron pagar sus pasajes para trasladarse hasta la capital chilena. El trayecto, además, fue un verdadero martirio. Mientras la mayoría de las delegaciones utilizó aviones para viajar de manera directa hasta la sede, los colombianos iniciaron el recorrido en un barco que siguió el curso del río Magdalena. Luego, abordaron un tren en Puerto Berrío y, en la frontera sur de su patria, tomaron un micro que demoró varios días en cruzar Ecuador y arribar a Perú. En Lima, la odisea obligó a los jugadores a participar en partidos de exhibición para recaudar el dinero que les permitiera proseguir la marcha por mar hacia Valparaíso, principal puerto chileno. Pero esos encuentros no fueron de fútbol, ¡sino de béisbol! Reunida la plata, en un muelle de El Callao los muchachos abordaron un buque que transportaba azúcar. Empero, en el barco había sólo dos camarotes disponibles. Como las comodidades no alcanzaban para toda la delegación, los futbolistas debieron turnarse para descansar en las cuchetas de sus compartimientos, aunque varios también durmieron acostados sobre bolsas rellenas de azúcar. Finalmente, al llegar a Valparaíso, el equipo tomó un tren que lo dejó, por fin, en su destino. La aventura duró "apenas" 24 días.

El 21 de enero de 1945, en el estadio "Nacional" de Santiago, Colombia jugó su primer compromiso oficial ante Brasil: cayó por un "estrecho" tres a cero. El siguiente partido del conjunto cafetero fue menos venturoso, porque el 28 de enero, en el mismo césped, Uruguay le dio un baile tremendo que terminó siete a cero. Empero, los vencedores tuvieron un gesto inusual: en el segundo tiempo, cuando la cuenta llegaba al quinteto, el árbitro brasileño Mario Vianna expulsó al delantero Roberto "Perro" Gámez por una fuerte falta contra un rival. No obstante, Gámez continuó en la cancha hasta el final porque el referí aceptó revertir su decisión a pedido de los futbolistas de... ¡Uruguay!

En esa misma competencia, Colombia fue también goleada nueve a uno por Argentina, pero al menos se dio el gusto de terminar en el quinto puesto entre siete participantes, gracias a una victoria sobre Ecuador, por tres a uno, y un empate ante Bolivia, de tres goles por bando.

Gemelos ilegítimos

Para la Copa América de Chile 1945, Ecuador incluyó en su equipo a dos hermanos gemelos, José y Luis Mendoza. Los Mendoza actuaron casi todos los partidos: sólo Luis se perdió un encuentro, ante Colombia. Pero lo más curioso de la participación de estos muchachos tuvo que ver con su ciudadanía, puesto que habían nacido en Panamá y nunca habían hecho los trámites para naturalizarse ecuatorianos. A pesar de la irregularidad, los Mendoza no sólo jugaron sino que se dieron el gusto de gritar un gol cada uno: José ante Argentina y su hermano frente a Chile

El quiebre

Un mal clima, y no precisamente meteorológico, cubrió la cancha de River Plate –que todavía era una "herradura"- cuando Argentina y Brasil se presentaron el 10 de febrero de 1946 para definir el título de campeón de la Copa América organizada ese año en Buenos Aires. La selección local llegaba al desenlace con cuatro victorias en cuatro encuentros, mientras que la brasileña tenía un punto menos, producto de un empate con Paraguay (eran tiempos en lso que se otorgaban dos unidades por triunfo). El ganador alzaba la Copa; en caso de igualdad, Argentina se llevaba los laureles. Con tanto en juego, desde el pitazo inicial los veintidós protagonistas se mostraron más preocupados por golpearse que por meter el balón en el arco contrario. En medio de un concierto de patadas y manotazos, a los 30 minutos, con el marcador todavía en blanco, el delantero visitante Jair Rosa Pinto metió un terrible planchazo que provocó una doble fractura de tibia y peroné al defensor José Salomón. En la misma jugada, el puntero izquierdo Francisco "Chico" Aramburu echó nafta al fuego al pisar a Salomón mientras éste se revolvía de dolor en el suelo. La artera maniobra detonó una batalla campal entre jugadores, a la que se sumaron algunos espectadores que estaban junto a la línea de cal y varios policías que, en vez de separar, se extralimitaron al agredir a los deportistas visitantes. La multitudinaria gresca se extendió varios minutos, hasta que el conjunto brasileño, magullado y humillado, se refugió en su vestuario. Cuando volvió la calma, el árbitro uruguayo Nobel Valentini logró convencer a los jugadores de ambas escuadras –en especial a los visitantes- para que prosiguieran el match, aunque antes expulsó a Chico y al argentino Vicente de la Mata, únicos chivos expiatorios del descomunal combate. Tras 70 minutos de suspensión, la pelota volvió a rodar. Argentina ganó por dos a cero, con dos tantos de Norberto "Tucho" Méndez, aunque Brasil opuso poca resistencia: a sus diez jugadores sólo les importaba que el tiempo pasara lo más rápido posible para escapar de ese infierno. Salomón no volvió a jugar en la Selección (no se recuperó por completo y apenas logró actuar un puñado de partidos en Liverpool FC de Montevideo y Talleres de Remedios de Escalada antes de colgar los botines). Después del escándalo, la selección celeste y blanca acudió a la Copa de 1947 en Ecuador, que ganó para convertirse en el único tricampeón consecutivo de la competencia. Brasil, en cambio, se ausentó. Dos años más tarde, el que renunció fue Argentina: la Copa volvía a tierra brasileña y en Buenos Aires se desató el temor a que hubiera represalias. Del mismo modo, el equipo albiceleste desistió de participar del Mundial de 1950 que también se desarrolló en el país vecino. Los argumentos nunca fueron aclarados con la debida transparencia. Se dijo extraoficialmente que el presidente Juan Perón vetó el viaje por diferencias políticas con el gobierno brasileño, que el mandatario temía que una derrota provocara malestar en la gente y hasta se echó a correr el rumor de que la delegación podía sufrir una eventual represalia de parte de los brasileños por la barbaridad ocurrida en el "Monumental" de Núñez.

Las camisetas más extrañas de la Copa América

Cada uno de los equipos que participará de la Copa América del Centenario en los Estados Unidos se caracteriza por el o los colores de su camiseta: "albiceleste", "verdeamarela", "celeste", "albirroja", "vinotinto", "roja", "tricolor"... Sin embargo, estos tonos hoy "tradicionales" no siempre tiñeron las vestimentas nacionales a la hora de competir en el certamen continental más antiguo del mundo.

Brasil, como ya se consignó varias páginas atrás, disputó la primera edición de la Copa, jugada en Buenos Aires en 1916, con una casaca a bastones verticales verdes y amarillos. A partir de 1919, la escuadra brasileña comenzó a vestir de blanco. El 3 de enero de 1937, en una nueva Copa organizada por Argentina, Brasil salió al césped de la cancha de Boca Juniors con su uniforme albo y, para su sorpresa, enfrente apareció Chile también de blanco, que en ese entonces era su tono distintivo -la "roja", ya se dijo, se oficializaría unos años más tarde, en la década de 1940-. Para que los equipos se diferenciaran, un dirigente del club anfitrión aportó un juego remeras y, por ese único día, Brasil fue "xeneize". Mal no le vino: se impuso por 6 a 4.

Tras el "Maracanazo" uruguayo en el Mundial de 1950, la federación brasileña se hartó del blanco, considerado "mufa" o de mala suerte por la derrota en casa, y organizó un concurso de diseñadores para renovar el vestuario del equipo. La competencia fue ganada por un joven llamado Aldyr García Schlee, quien creó el hoy famoso atuendo que consiste en camiseta amarilla con vivos verdes, pantalón azul y medias blancas.

Bolivia, en tanto, solía vestir de blanco, distinción que normalmente le provocaba dolores de cabeza debido a la popularidad que ese tono tenía en Sudamérica (hasta mediados del siglo XX, Chile y Brasil usaban camisetas idénticas y también se generaban confusiones con los claros uniformes de Perú y Argentina). En la Copa América realizada en Buenos Aires en 1946, el equipo del altiplano utilizó una inusual remera diseñada con bastones verticales blancos y negros. Para el debut del torneo realizado en Perú en 1953, ante el equipo local, Bolivia usó por primera vez el color verde para evitar confusiones con la casaca del rival. El 22 de febrero, en el estadio nacional de Lima, el seleccionado visitante se impuso sorpresivamente por uno a cero, con un único tanto de Víctor Ugarte. Felices con el batacazo, jugadores y dirigentes decidieron ese día adoptar la nueva tonalidad para siempre.

La "vinotinto" de Venezuela se adquirió por casualidad en 1938, cuando una delegación de deportistas de ese país asistió a los Juegos Bolivarianos en Bogotá. Los venezolanos habían llevado a Colombia un uniforme amarillo, "extraído" de su bandera, que coincidía con el de la nación anfitriona. Para evitar confusiones, el Comité Olímpico Internacional les asignó a los representantes foráneos un juego de camisetas de un tinte granate intenso. La tonalidad gustó y fue adoptada para siempre. Sin embargo, para su debut en la Copa América, en la edición de Uruguay 1967, Venezuela no pudo utilizar la "vinotinto" porque se confundía con la roja de Chile, su rival ese 18 de enero en el estadio "Centenario" de Montevideo. Para salvar el embrollo, el árbitro paraguayo Isidro Ramírez efectuó un sorteo para que uno de los equipos cambiara su indumentaria. Le tocó a Venezuela, pero no tenía otro juego de camisetas. La solución llegó gracias a un utilero del coliseo, que en un depósito guardaba remeras de Peñarol. Así, el equipo caribeño disputó su primer partido en la Copa vestido de amarillo y negro. Perdió dos a cero.

Espectador de lujo

El 23 de diciembre de 1947, a la hora señalada para que Perú y Colombia se enfrentaran por la Copa América que Ecuador organizó en Guayaquil, el árbitro brasileño Mario Heyn se convenció de que el juez de línea chileno Francisco Rivas no llegaría a tiempo al estadio George Capwell para cumplir con su tarea. Para evitar que el encuentro fuera suspendido y postergado, lo que hubiera atrasado el desarrollo del certamen, Heyn tomó una medida extraordinaria: convocó a un espectador para que lo asistiera desde uno de los laterales. El juez se aseguró de que el muchacho elegido fuera ecuatoriano y no colombiano ni peruano, para evitar suspicacias, a pesar de que ninguno de los dos equipos tenía ya posibilidades de ganar la competencia, y sólo le pidió que le marcara la salida de la pelota por la línea lateral. En ese particular contexto, Perú se impuso por cinco a uno.

Otro problema negro

Dos días después de lo ocurrido en el relato precedente, Argentina enfrentó al equipo local en el mismo escenario. Segundos después de que el delantero "millonario" José Manuel Moreno abriera el marcador, a los 30 minutos, un hincha arrojó un piedrazo que hizo blanco en la cabeza del árbitro boliviano Alfredo Álvarez. El golpe desmayó al referí, que ya no pudo continuar con la conducción del encuentro. A pesar de la brutal agresión, el juego no se suspendió. Primero, el alcalde local, Rafael Guerrero Valenzuela, fue hasta la cabina de transmisión del estadio y, por los altoparlantes, suplicó "calma al mejor y más culto pueblo sudamericano". Luego, el brasileño Mario Heyn suplantó al boliviano Álvarez y Argentina terminó ganando por dos a cero, victoria que contribuyó para que se consagrara campeón del torneo tres días después.

Luna de hiel

Sigifredo Agapito Chuchuca Suárez, delantero estrella de Barcelona Sporting Club de Guayaquil, le explicó a su novia, con la mayor dulzura que pudo, que debían cancelar la Luna de Miel. La Copa América de Brasil 1949 se superponía con el viaje que la joven había imaginado toda su vida y para su marido, futbolista ecuatoriano, participar del torneo continental era más importante que disfrutar de unos días a solas con quien sería su flamante cónyuge. Apenas finalizadas las ceremonias civil y religiosa, Sigifredo se embarcó con sus compañeros de selección rumbo a Rio de Janeiro, para debutar el 3 de abril ante la poderosa escuadra local. Brasil aplastó a Ecuador por un abismal nueve a uno. Apenas regresó al hotel desde el estadio São Januario del club carioca Vasco da Gama, donde se había producido la masacre, Sigifredo se abalanzó sobre un teléfono, discó el número de su casa y, cuando atendió su mujer, le anunció, feliz de la vida, que acababa de marcarle un gol al mejor equipo del mundo. Su esposa no festejó la noticia.

Así es el calor

La noche anterior al debut con Bolivia, en el estadio municipal "Paulo Machado de Carvalho" de San Pablo, conocido popularmente como "Pacaembú" el técnico de Chile, Luis Tirado decidió visitar a sus jugadores en las habitaciones del hotel donde se alojaba la delegación "roja" para competir en la Copa América de Brasil 1949. El entrenador quería verificar que sus hombres estuvieran concentrados y comprobar si necesitaban algo. Al entrar en el primer cuarto, Tirado se sorprendió: estaba vacío. De inmediato, se dirigió hacia otra pieza y... ¡lo mismo, no había nadie! El técnico, nervioso, comprobó que todas las habitaciones donde supuestamente debían estar alojados sus hombres estaban deshabitadas. Al borde del infarto, Tirado subió a la terraza del hotel, donde el alma le volvió al cuerpo. Sofocados por el intenso calor que envolvía la metrópoli paulista, todos los jugadores habían subido con sus colchones a la azotea para tratar de refrescarse con alguna brisa nocturna. La mudanza, empero, no mejoró el descanso de los chilenos, que al día siguiente cayeron por tres a dos ante Bolivia.

En defensa del público

En la edición de Brasil 1949, el árbitro inglés Cyril John Barrick alcanzó un récord que se mantiene firme a pesar del paso del tiempo: haber dirigido once encuentros del mismo certamen continental. Barrick, quien había llegado a Rio de Janeiro revestido por un aura de imparcialidad que no alcanzaba a todos sus colegas sudamericanos, tenía una forma muy particular de conducir los encuentros. Por ejemplo, se le cuestionó que en el duelo que Paraguay y Perú protagonizaron el 13 de abril en el estadio carioca "São Januario", no hubiera expulsado a nadie a pesar de que el encuentro tuvo varios pasajes de inusitada violencia. La reflexión de Barrick fue que "si me hubiera apegado al reglamento, habría echado a ocho paraguayos y seis peruanos. No lo hice en defensa del público que pagó la entrada". Lo que el británico no tuvo en cuenta fue que los espectadores habían abonado su ingreso para ver fútbol y no "lucha libre".

Flemático

Brasil, anfitrión de la Copa América de 1949, derrotaba a Perú por cuatro a cero en el estadio "Pacaembú" de San Pablo. A los 40 minutos, en medio de una pequeña trifulca entre jugadores, el referí inglés Cyril Barrick sintió cómo un escupitajo hacía blanco en la parte posterior de su cabeza. Al girar, el árbitro vio que, a menos de un metro de él, tres futbolistas -los peruanos Luis Calderón y Alejandro Gonzáles y el brasileño Thomaz Soares da Silva, "Zizinho"- discutían acaloradamente. Barrick encaró al trío y le preguntó quién había sido el autor del salivazo. Ante el silencio de los jugadores, el británico -quien pocos días antes, durante el duelo Paraguay-Perú había actuado de manera muy diferente- tomó una decisión "salomónica": los expulsó a los tres. Brasil terminó ganando por siete a uno.

¿Arreglo?

La victoria de Paraguay sobre Brasil, dos a uno en la última fecha del octogonal de la Copa América brasileña de 1949, despertó enormes sospechas. Hasta ese encuentro, el equipo local -que se consagraría como el campeón más goleador con 46 tantos en 8 encuentros, lo que significa un promedio de 5,75 gritos por match- había destrozado a todos sus rivales: 9-1 a Ecuador, 10-1 a Bolivia, 2-1 a Chile, 5-0 a Colombia, 7-1 a Perú y 5-1 a Uruguay. El sorpresivo triunfo guaraní permitió que el equipo albirrojo igualara a Brasil en la punta de la tabla y habilitara un partido de desempate en un estadio São Januario atiborrado por 40 mil personas. No pocos periodistas de la época se atrevieron a denunciar un arreglo económico para que se jugase ese encuentro "extra". Sobre todo porque en la revancha, tres días después del batacazo albirrojo, Brasil aplastó a Paraguay por... ¡siete a cero!

No quedó en el bronce

Los organizadores de la Copa América de Perú 1953 determinaron que la escuadra local inaugurara el certamen ante Bolivia el 22 de febrero en el recién construido "Estadio Nacional" de Lima. La elección de la escuadra del altiplano no correspondió a ningún sorteo, sino a un capricho arbitrario: los dirigentes peruanos lo consideraban el rival más flojo, ideal para arrancar la competencia con una estimulante victoria. Sin embargo, debido a que el hombre propone y la pelota dispone, el partido no resultó como esperaban los directivos locales. Bolivia dio la gran sorpresa y, con un solitario gol de Víctor Agustín Ugarte a cinco minutos del final, se impuso por la mínima diferencia. Esa victoria, conocida como el "campanazo", coincidía con la inauguración oficial del coliseo limeño. Con gran dolor en el alma pero una enorme cuota de entereza, los responsables de la cancha mandaron a fabricar una placa de bronce que recordara para siempre al autor del primer gol en ese lugar. El justo homenaje permaneció allí por muchos años, pero en 2012 el estadio fue remodelado por completo y la distinción conmemorativa desapreció. De esta manera, la hazaña de Ugarte no quedó en el bronce de la historia.

El error que casi cuesta caro

Paraguay no fue campeón invicto de la Copa América de Perú 1953 por un "pequeño" detalle: en el encuentro ante Perú, una igualdad en dos tantos que tuvo lugar el 8 de marzo en el estadio Nacional de Lima, el técnico guaraní, Manuel Fleitas Solich, realizó cuatro cambios, uno más de los que permitía el reglamento del certamen. La sustitución "extra" se produjo en el minuto 70, cuando Paraguay perdía por dos a uno y se lesionó su arquero, Adolfo Riquelme, quien dejó su puesto a Rubén Noceda. El equipo guaraní empató minutos antes del final, mas la CONMEBOL decidió luego darle el match por perdido a causa del exceso antirreglamentario. A pesar del descuento de esa unidad, Paraguay terminó el campeonato en el primer puesto junto a Brasil, por lo que debió realizarse, otra vez, un desempate. Fleitas Solich, quien había acordado su incorporación como nuevo entrenador del club carioca Flamengo antes del comienzo del certamen, viajó a Rio de Janeiro apenas terminó el último duelo de la fase regular -precisamente una victoria dos a uno sobre Brasil-. Los futbolistas y dirigentes paraguayos pensaron que su técnico los había abandonado para el desempate con la escuadra "verdeamarela", pero Fleitas Solich retornó a la capital peruana horas antes del match culminante. Con el ánimo renovado, el equipo guaraní venció a su rival por tres a dos, se desquitó por lo ocurrido cuatro años antes en "São Januario" y levantó, por primera vez, el trofeo de plata destinado a los campeones de la Copa América.

No me voy

Chile y Bolivia cerraban su despareja participación en la Copa América de Perú 1953 con un interesante empate con dos goles por bando. A los 66 minutos, el tranquilo encuentro se convirtió en un verdadero papelón. El mediocampista boliviano Víctor Brown revoleó de una patada a un rival y el árbitro inglés Richard Maddison lo expulsó. Pero Brown, disconforme con la resolución del referí, se negó a abandonar el campo de juego. Tras una ardua e intensa discusión, y al ver que el sancionado persistía en su actitud, Maddison decidió suspender el encuentro a los 67 minutos. Horas más tarde, la CONMEBOL analizó el caso y resolvió darle el encuentro por ganado a Chile.

Condenado

Después de dos notorias ausencias, en Brasil 1949 y Perú 1953, la selección argentina regresó a la contienda continental que, en 1955, se disputó en el estadio "Nacional" de Santiago de Chile.

El equipo celeste y blanco estuvo conducido por Guillermo Stábile, quien como técnico consiguió dos récords que, al cierre de esta edición, se mantenían muy firmes: más títulos ganados (siete: Chile 1941, Chile 1945, Argentina 1946, Ecuador 1947, Chile 1955, Perú 1957 y Argentina 1959) y más partidos dirigidos, 44, todos con la misma selección. En Santiago, Argentina arrancó con dos victorias (5-3 a Paraguay y 4-0 a Ecuador) y una igualdad de dos goles por bando con Perú. La cuarta presentación, el 27 de marzo, fue otra descomunal exhibición ante un rival de fuste, Uruguay. A los 76 minutos, el equipo de Stábile ya ganaba cinco a uno. A los 80, el entrenador decidió realizar un cambio: el mediocampista ofensivo Norberto Conde por el centrodelantero Ángel Labruna, quien había marcado dos tantos. Apenas pisó el césped, Conde, quien en ese momento debutaba con la albiceleste, se acercó al recio defensor uruguayo Matías González y, con sarcasmo, le preguntó: "Che, ¿cómo va el partido?". González, quien ya hervía por el resultado adverso, respondió con una terrible trompada que durmió a Conde. El oriental se fue expulsado; el bromista, dormido al vestuario. Labruna reingresó -así lo permitía el reglamento- y anotó su tercer gol a los 87, que redondeó un marcador de seis a uno, la mayor goleada del clásico del Río de la Plata. En la última jornada, Argentina derrotó a la escuadra local por uno a cero y dio la vuelta olímpica. ¿Conde? Por las dudas, ni se acercó al césped.

Promesa cumplida

Al destacado mediocampista central argentino Néstor "Pipo" Rossi se lo conocía como "la Voz de América" por su vozarrón y porque tenía por costumbre "relatar" los partidos en los que participaba. El 13 de marzo de 1957, por la Copa América de Perú, la selección albiceleste vencía a Colombia por cuatro a cero en el estadio "Nacional" de Lima, cuando el inglés Ronald Lynch sancionó un penal para la escuadra cafetera. Pateó Delio Gamboa y atajó el arquero albiceleste Rogelio Domínguez. Rossi, fiel a su estilo, gritó de inmediato "Referí, el arquero se adelantó". Lynch, quien llevaba cinco años trabajando como árbitro en Argentina, entendió perfectamente el exabrupto y, amparado en la confesión del mediocampista, ordenó que se repitiera la pena máxima. Gamboa convirtió y, en el entretiempo, Domínguez y el técnico Guillermo Stábile se le fueron al humo a "Pipo" para recriminarle su comportamiento. Sin alterarse, Rossi les vaticinó: "Quédense tranquilos, que les hacemos ocho goles". Argentina ganó ocho a dos.

Promesa incumplida

En la Copa América de Perú 1957, Colombia obtuvo su primera gran victoria oficial, al derrotar el 17 de marzo a Uruguay por uno a cero, con un tanto de Carlos Arango. La gran figura del encuentro fue el arquero cafetero, Efraín "Caimán" Sánchez, quien cerró su meta con salvadas providenciales que fueron celebradas por los hinchas y todos los medios periodísticos que cubrieron el certamen. En el partido siguiente, el 21 de marzo, Sánchez se durmió en una jugada y se comió un gol imposible hasta para un portero amateur, que permitió la victoria de Chile por tres a dos. Tan afligido quedó el "Caimán" que envió una carta a la revista peruana "Gol" para disculparse con el público por su grosero error. "Perdonen esta actuación contra Chile. Lima no se lo merecía, pero les juro que, si con (su club, Independiente) Medellín o con Colombia, vuelvo a actuar en Lima, les recordaré al 'Caimán' Sánchez que jugó contra Uruguay y no al que defraudó contra Chile". El pobre Sánchez no pudo cumplir su promesa: tres días más tarde, Brasil le metió nueve goles.

Tiró la piedra y escondió la cara

Uno de los goleadores de la Copa América de Perú 1957 fue el delantero uruguayo Javier Ambrois, un futbolista con un carácter muy particular. El 7 de marzo, en el estadio "Nacional" de Lima, Ambrois le metió cuatro tantos a Ecuador en la victoria uruguaya por cinco a dos; el 23 de marzo, en el mismo escenario, el oriental repitió su "póquer" ante la selección local, con un condimento adicional: luego de cada gol, Ambrois realizó burlas al correcto público limeño, que toleró con notable templanza la falta de respeto. Unos días más tarde, el primero de abril, Uruguay vencía a Chile por dos a cero, sin la participación del desvergonzado atacante en el marcador. Pocos minutos antes del pitazo final, el técnico charrúa, Juan López, ordenó que Ambrois fuera reemplazado. Su caminata hasta el túnel fue decorada por una fuerte rechifla de unas cuarenta mil personas que colmaban el coliseo capitalino sin olvidar el provocador comportamiento del oriental en el match anterior. Al acercarse a la tribuna que estaba al borde de la entrada del pasadizo hacia los vestidores, Ambrois, de cara al público, se tomó los genitales por encima del pantaloncito e insultó a la concurrencia. El gesto encendió a los hinchas, que perdieron la compostura y dedicaron al futbolista celeste duros agravios que incluyeron a su madre, su hermana, su abuela y el resto de su familia. Envalentonado, el uruguayo redobló su apuesta: se bajó el short, el calzoncillo y exhibió su miembro a la platea. El ofensivo ademán asqueó a decenas de espectadores que, furiosos, rompieron un alambrado y saltaron al césped. Al ver que la gente se le iba encima, Ambrois bajó rápidamente las escaleras y se refugió en el camarín. En la cancha, en tanto, los rabiosos hinchas decidieron saciar su bronca con los compañeros del delantero fugado. A pesar de la intervención policial, los jugadores celestes fueron blanco de trompadas y patadas de los invasores. El defensor Víctor Correa, quien lucía alto y muy fuerte, fue rodeado por una decena de muchachos que le lanzaron todo tipo de golpes. Aunque logró deshacerse a las piñas de varios de sus agresores, Correa, desbordado, recibió una inolvidable paliza. A sus compañeros no les fue mejor: todos repartieron y también absorbieron puñetazos y puntapiés. Tras unos veinte minutos de batalla campal, el árbitro local Erwin Hieger suspendió el partido, que la CONMEBOL le daría por ganado al equipo oriental. Al llegar a su camarín, los jugadores uruguayos, maquillados con moretones y heridas sangrantes, se encontraron con un sonriente Ambrois, quien ya estaba bañado, vestido con su elegante traje y con el pelo bien peinado a la gomina. "Muchachos -los recibió el alborotador delantero con un tono mordaz-, ¿de qué guerra vienen?".

Penal, expulsiones y fuga

El partido que Perú y Brasil jugaban el 31 de marzo de 1957 en el estadio "Nacional" de Lima, por la Copa América organizada por la nación andina, era clave para la resolución del torneo. Ambas escuadras necesitaban ganar y vencer luego a la selección argentina para levantar el trofeo de plata. El duelo fue duro y muy parejo, y recién se definió a los 73 minutos, cuando el árbitro inglés Ronald Lynch sancionó un penal para el equipo visitante, que convirtió el legendario delantero Waldir Pereira, conocido por el pseudónimo "Didí" -un crack que ganaría dos Mundiales con Brasil, en Suecia 1958 y Chile 1962-. La conquista brasileña desató la furia de todos los jugadores peruanos, que rodearon al referí para reclamarle que no había existido falta en la jugada previa al tiro libre desde los once metros. Las quejas pronto se transformaron en insultos, y los improperios enseguida dieron paso a los empujones y manotazos. Desbordado por las agresiones, Lynch echó de palabra -ya se dijo aquí, todavía no se habían inventado las tarjetas roja y amarilla- a dos jugadores, Carlos Lazón y Guillermo Delgado, mas de inmediato suspendió el encuentro porque algunos hinchas habían invadido la cancha con intención de agredirlo. El referí corrió a su vestuario y, ayudado por algunos policías, escapó hacia la casa de un conocido suyo que trabajaba para una empresa multinacional y acababa de mudarse a Lima. Tan asustado estaba el juez que, a la mañana siguiente, se tomó el primer avión que despegó del aeropuerto de la capital peruana. No era para menos, porque Lynch estuvo a punto de ser linchado.

Otra de Rossi

El 3 de abril de 1957, la selección argentina enfrentó a la de Brasil con la certeza de que una victoria la coronaba campeona de la Copa América de Perú una fecha antes del final del torneo. El primer tiempo del encuentro, disputado en el estadio "Nacional" limeño, fue peleado y trabado. Luego de un avance que casi termina en gol "verdeamarelo", "Pipo" le pegó un grito "paternalista" a Enrique Omar Sívori, compañero suyo en River Plate aunque diez años menor que él: "Corré al negro", le exigió. El delantero, confundido, contestó: "¡Pero si son todos negros!". "Entonces -retrucó "Pipo", severo-, correlos a todos". En la segunda etapa, Argentina ganó ese difícil match por tres a cero y dio la vuelta olímpica sin necesidad de cerrar su actuación ante el equipo local.

Avión

Muchos son los futbolistas que sufren o han sufrido un pavoroso miedo a volar. Uno de los casos más emblemáticos fue el del holandés Dennis Bergkamp. El delantero, que odiaba subir a los aviones, dijo "basta, nunca más" luego del ajetreado viaje que sufrió la selección naranja cuando cruzó el Océano Atlántico hacia el Mundial de Estados Unidos. A partir de allí, llegó a introducir una cláusula en su contrato con el club inglés Arsenal FC para desplazarse por tierra para cada partido que la escuadra londinense tuviera que efectuar de visitante, en especial en el resto de Europa. Bergkamp solía partir desde su casa varios días antes que sus compañeros para movilizarse en su automóvil hacia estadios donde Arsenal debía jugar por la Champions League del Viejo Continente.

La fobia por los aviones afectó también al defensor peruano José Fernández, quien, segundos antes de abordar el aparato que tenía previsto llevar a la delegación andina hacia Buenos Aires para participar de la Copa América de 1959, sufrió un repentino ataque de pánico en la sala de embarque. Como Fernández -titular indiscutido de la escuadra incaica- se negaba a subir al transporte, al técnico Jorge Orth se le ocurrió llamar al tío del zaguero, el histórico goleador Teodoro Fernández, para tratar de desarmar el nudo gordiano que se le había formado en el aeropuerto. Teodoro llegó enseguida y, en dos minutos, resolvió la compleja situación: "¿Acaso te olvidas -le gritó a su sobrino- que perteneces a la generación de los Fernández? ¡A cumplir como lo hizo tu tío! ¡En los sudamericanos hay que ser hombre!". La reprimenda curó de inmediato el terror a volar de José, quien se metió en el avión sin chistar. El defensor actuó en todos los partidos del campeonato y cumplió una excelente tarea que, si bien no alcanzó para dar la vuelta olímpica, consiguió una histórica victoria 5-3 con Uruguay y un empate 2-2 con Brasil.

Festejo excesivo

A pesar de la tremenda dificultad de jugar en La Paz, a más de 3.500 metros de altura sobre el nivel del mar, la selección argentina -un equipo "alternativo" formado principalmente con futbolistas de equipo "chicos", como Chacarita, Atlanta y Rosario Central- estaba haciendo ese 28 de marzo de 1963 un partidazo ante Bolivia, la selección local de la Copa América de ese año. El equipo dueño de casa se había puesto en ventaja dos veces por medio de Fortunato Castillo y Ramiro Blacut, y la escuadra albiceleste había igualado en ambas oportunidades por medio de su centrodelantero Mario Rodríguez. A los 87 minutos, el árbitro peruano Arturo Yamasaki sancionó un penal para Bolivia, muy protestado por los muchachos visitantes. El remate fue ejecutado por el mediocampista andino Max Ramírez, y rechazado al córner por los pies del arquero albiceleste Edgardo Andrada -el mismo a quien el notable "10" brasileño Pelé le anotaría su célebre gol mil unos seis años más tarde, en el estadio carioca "Maracaná", también desde los once metros-. Mientras los jugadores argentinos abrazaban y besaban a su nuevo ídolo, Castillo realizó rápidamente el tiro de esquina y Wilfredo Camacho, solo y descuidado por los zagueros que todavía celebraban el penal atajado, cabeceó al desprotegido palo izquierdo del arco de Andrada para convertir el definitivo tres a dos. El técnico argentino, Horacio Torres, casi muere de un infarto al borde de la cancha.

Expulsados de.... la disco

El triunfo ante Argentina, que había dejado a Bolivia a un solo partido de ganar la Copa América por primera vez, desató acalorados festejos que se extendieron varias horas. Luego de brindar con un par de tragos en un bar cercano al estadio "Hernando Siles" de la ciudad de La Paz, el periodista local Mario Vargas se dirigió con un grupo de amigos y colegas a una discoteca llamada "Bola Rush", un lugar ideal para extender la celebración. Al ingresar al establecimiento, Vargas se horrorizó al descubrir en una de las mesas, rodeados de bellas señoritas y botellas de champaña, al delantero Wilfredo Camacho y al defensor Max Ramírez, protagonistas del reciente partido y piezas fundamentales del seleccionado local. El periodista encaró de inmediato a los futbolistas y los amenazó con denunciarlos si no se retiraban al instante y regresaban al hotel donde estaba concentrado su equipo. Los jugadores, avergonzados, se levantaron y partieron a toda prisa hacia su alojamiento para descansar. Tres días más tarde, con Camacho -autor de un gol- y Ramírez en su alineación, Bolivia derrotó a Brasil por cinco a cuatro y, al superar a Paraguay por dos unidades, pudo alzar por primera y única vez en su larga historia copera el preciado trofeo de plata y noble madera.

¿Mala suerte?

Para la Copa América boliviana de 1963, la federación de fútbol local decidió contratar un técnico extranjero. Después de analizar distintas propuestas, los directivos eligieron al brasileño Danilo Alvim Faria, un ex mediocampista de marca que, como jugador, había ganado muchos títulos estaduales con Vasco da Gama. La designación fue repudiada de inmediato por la prensa del país anfitrión del certamen continental, por considerar que el entrenador, quien había jugado el Mundial de 1950 y había vestido la camiseta blanca de Brasil la tarde del "Maracanazo" uruguayo, transmitiría mala suerte al equipo "verde". Las críticas se multiplicaron cuando, un mes antes de que comenzara el campeonato sudamericano, Bolivia perdió 3-0 y 5-1 ante Paraguay en un doble duelo por la "Copa de la Paz del Chaco". A pesar de los duros ataques de los periódicos, los dirigentes resolvieron mantener a Alvim Faria en su puesto. Bolivia arrancó el torneo continental con un flojo empate 4-4 con Ecuador (llegó a estar 4-2 abajo en el marcador), pero luego hilvanó una impecable serie de victorias que le permitió ganar su primera y única Copa América: doblegó a Colombia por dos a uno, a Perú por tres a dos, a Paraguay por dos a cero, a Argentina por tres a dos y a Brasil por cinco a cuatro. Al día siguiente del match culminante, los diarios bolivianos cambiaron sus severos reproches por súbitos elogios hacia el técnico que, en lugar de infausto, resultó venturoso.

Capítulo 3
Pasión sin fronteras

El período entre 1967 y 1989 fue, posiblemente, el más irregular de la historia de la Copa América. En este lapso se jugaron siete ediciones, casi todas con sistemas de competencia distintos. Tres de los torneos (1975, 1979 y 1983) fueron los únicos que no tuvieron sede fija. A lo largo de esas tres experiencias, los equipos disputaron siempre encuentros de ida y vuelta, uno en casa y otro como visitante, tanto en la ronda de grupos como en las semifinales y finales. El desarrollo irregular se repitió en los certámenes de Argentina 1987, Brasil 1989 y Chile 1991. Ante tanta variedad de reglamentos, no parece ilógico que hayan sido cinco países diferentes los que levantaron la Copa en este período de siete campeonatos. El único que repitió fue Uruguay, monarca en 1967, 1983 y 1987.

Eliminatorias

La edición de Uruguay 1967 fue la única de toda la historia de la Copa América que tuvo eliminatorias. Con el ingreso al certamen del décimo y último afiliado a la CONMEBOL, Venezuela, los organizadores propusieron una serie clasificatoria para cuatro equipos escogidos por sorteo -Brasil fue excluido de la lotería porque había renunciado antes a intervenir en la contienda, lo mismo que Uruguay, gracias a su condición de anfitrión-, a fin de reducir el número de participantes que competirían por última vez todos contra todos y en un solo escenario: el estadio Centenario. El azar enfrentó a Chile y Colombia, por un lado, y a Ecuador y Paraguay, por el otro. La escuadra roja se clasificó gracias a un cinco a dos en Santiago y una igualdad sin tantos en Bogotá; la guaraní, tras un empate a dos en Guayaquil y un tres a uno en Asunción.

Victoria venezolana

Aunque perdió cuatro de sus cinco partidos, Venezuela se dio el gusto de ganar su primer partido copero en la edición de Uruguay 1967, casualmente su torneo debut. El 18 de enero, la escuadra caribeña goleó a Bolivia por tres a cero en el estadio Centenario de Montevideo. Lo más insólito del caso es que la segunda victoria venezolana en la Copa América recién se produciría... ¡cuarenta años más tarde! El equipo "vinotinto" debió esperar hasta la contienda que organizó en su propia tierra en 2007 para vencer a Perú por dos a cero en el coliseo "Pueblo Nuevo" de la ciudad de San Cristóbal. Entre los dos éxitos, Venezuela jugó 40 partidos, de los cuales empató sólo 6 y perdió... ¡34!

La copa "diez"

La primera Copa América que contó con las diez selecciones sudamericanas afiliadas a la CONMEBOL fue la de 1975, que presentó además un nuevo sistema de competencia. En la primera fase, nueve equipos fueron divididos en tres triangulares "todos contra todos", de ida y vuelta en cada país. El ganador de cada grupo pasó a semifinales junto a Uruguay, campeón de la edición anterior. Este método de campeonato, que en su estreno tuvo como ganador a Perú (venció en la final a Colombia al cabo de tres partidos, incluida una tercera final en la "neutral" Caracas, capital de Venezuela), se repitió en 1979 y 1983, torneos ganados respectivamente por Paraguay y Uruguay. A partir de 1987, la Copa retomó el sistema de sede única, en este caso con un trío de grupos iniciales de tres seleccionados cada uno y una llave de eliminación directa a partir de las semifinales, instancia en la que se incorporó Uruguay, monarca vigente. En Brasil 1989 y Chile 1991, los diez participantes fueron divididos en dos grupos de cinco equipos, de los cuales los dos primeros pasaban a un cuadrangular final.

Palo y palo

El ambiente en el estadio "Jesús Bermúdez" de Oruro estaba muy caliente. Casi veinte mil personas sufrían con la derrota parcial de su selección, Bolivia, ante Perú, que había abierto el marcador a los 17 minutos con un bombazo de Oswaldo Ramírez, uno de sus atacantes. El público, nervioso porque su equipo quedaba con posibilidades casi nulas para seguir vivo en el torneo continental, comenzó a impacientarse por el espíritu contemplativo del referí argentino Alberto Ducatelli frente a las constantes demoras en las que incurría el conjunto visitante para sacar del arco, efectuar un lateral o cobrar un tiro libre. El ánimo caldeado no sólo afectó a los hinchas: a los diez minutos del segundo tiempo, el técnico peruano, Marcos Calderón, le ordenó al suplente Julio Aparicio que comenzara a calentar porque iba a reemplazar al delantero Percy Rojas. Aparicio se incorporó de la banca y emprendió un trote liviano al costado de la cancha. Cuando el jugador albirrojo pasó junto a un grupo de policías, uno de los agentes, de seguro furioso por la derrota parcial de su seleccionado... ¡le pegó un bastonazo en una pierna! La agresión no amedrentó a Aparicio, quien mantuvo la cabeza fría para absorber el palazo, no responder al ataque y entrar tranquilo a la cancha para ayudar a su equipo a mantener la victoria hasta el final.

Más que Morena, noche negra

Uruguay había perdido por tres a cero la primera semifinal de la Copa América de 1975 ante Colombia, el 21 de septiembre en el estadio "Nemesio Camacho" de Bogotá, popularmente denominado "El Campín". La revancha, el primero de octubre en Montevideo, no había arrancado mal, ya que Fernando Morena, delantero de Peñarol y vital figura oriental, había abierto el marcador a los 17 minutos del primer tiempo con un preciso cabezazo. Sin embargo, la tromba inicial se fue diluyendo minuto a minuto, hasta pasada la mitad de la segunda etapa, cuando el conjunto celeste, desesperado, se fue con todo al ataque para tratar de revertir una eliminación que parecía cada vez más inevitable. A los 76 minutos, el árbitro chileno Rafael Hormazábal sancionó un penal para la escuadra local. Pateó Morena, mas su remate salió desviado. Un minuto más tarde, el referí pitó otra "pena máxima". Volvió a ejecutar el goleador del encuentro, pero el portero visitante, Pedro Zape, adivinó la dirección del tiro y contuvo el pelotazo. Empero, el balón escapó de sus guantes y salió hacia adelante, en dirección de Morena. El arquero se recuperó y consiguió tomar el balón ante de la arremetida del ejecutante, uno de sus compañeros y algunos defensores colombianos. En medio del desconcierto, el guardametas recibió una patada y quedó en el suelo, lesionado. Morena fue expulsado de inmediato por Hormazábal, quien había entendido que el delantero había agredido al "1" visitante. Años más tarde, en una entrevista publicada por el diario colombiano "El País", Morena negó haber golpeado a Zape. "Él ataja, da rebote y yo voy a buscar el balón, pero él llega antes, entonces yo salto y cuando me paro veo al árbitro que me saca la roja. Yo silenciosamente me fui, aparte era el segundo penal que desperdiciaba, pero la verdad es que no fui yo. No le dije al árbitro quién había sido. El árbitro se equivocó, pero no fui yo. Son esas desgracias que a uno le toca vivir. Fue una noche malísima". En apenas tres minutos, Morena había errado dos penales y había sido expulsado. El match se cerró con una victoria uruguaya por la mínima diferencia que no sirvió para ganar la serie. En la final, Colombia tropezó ante Perú a lo largo de tres partidos: una victoria cafetera por uno a cero en Bogotá y un triunfo

albirrojo por dos a cero en Lima obligó a un tercer encuentro en
"cancha neutral". En el estadio "Olímpico" de Caracas, Venezuela,
Perú se impuso por la mínima diferencia aunque Zape, imbatible
desde lo doce pasos, le atajara otro penal a la estrella incaica Teófilo
Cubillas.

Derrota helada

Como se deslizó varias páginas más atrás, la segunda mayor
goleada de la Copa América ocurrió en 1975 cuando Argentina
humilló a Venezuela por once a cero en el estadio del club Rosario
Central, el 10 de agosto de ese año. Según aseguró tiempo después de
ese partido el mediocampista "vinotinto" Luis Mendoza, las causas de
la catástrofe fueron varias. Una, que los clubes caribeños se negaron
a ceder a los futbolistas con anticipación, por lo que el equipo llegó
a Argentina sin entrenamiento previo. Otra, un tortuoso viaje que
incluyó una etapa de 300 kilómetros, entre Buenos Aires y Rosario,
en "un tren de madera que parecía del Far West". La tercera, el
desconocimiento del plantel respecto del crudo invierno que golpeaba
el cono sur del continente. "No sabíamos que hacía tanto frío y no
llevamos abrigo suficiente", precisó Mendoza. La abultada victoria
sirvió de poco al equipo que dirigía César Menotti porque, al perder
los dos choques con Brasil, en Belo Horizonte y en Rosario, quedó
eliminado en la primera ronda de la competencia sudamericana.

Multitud

El formato de la Copa América entre 1975 y 1983 no sólo dilató los calendarios de la competencia (dos de los torneos se extendieron tres meses y el otro, el de 1979, cinco meses, entre el 18 de julio y el 12 de diciembre) sino que, por su dimensión, contó con listas abiertas para sumar futbolistas. Paraguay, campeón de 1979 tras vencer a Chile en la final, utilizó nada menos que 32 jugadores para sólo nueve partidos.

DT por un día

El maratónico desarrollo de la Copa América de 1979 provocó además que la competencia se superpusiera con ligas locales y otros torneos internacionales, como el Mundial Sub-20 que se realizó en Japón ese año. Este inconveniente puso en una situación incómoda al técnico argentino, César Luis Menotti, porque el último partido del Grupo 2 del certamen continental estaba programado casi para el mismo día que debutaba la escuadra albiceleste en el campeonato juvenil. A la selección argentina -que un año antes había ganado el Mundial organizado en su tierra- le bastaba con derrotar a Brasil en el estadio "Monumental" de River Plate para pasar a semifinales, puesto que en el triangular, en el que también había participado Bolivia, los tres equipos habían ganado todos sus encuentros en casa y la diferencia de goles favorecía a los rioplatenses, por haber goleado al conjunto del altiplano por tres a cero. Sin embargo, Menotti prefirió dejar ese último encuentro en manos de su colega Federico Sacchi y trasladarse a Oriente para conducir el buen equipo que lideraba Diego Maradona -quien, por otra parte, acababa de estrenarse en la Copa América en la derrota con Brasil en el "Maracaná", por dos a uno, y también había logrado uno de los tantos ante Bolivia en la cancha de Vélez Sarsfield-. Mientras el combinado juvenil argentino se ponía a punto para consagrarse campeón en torneo japonés -ganaría todos sus partidos, incluida la final ante la ex Unión Soviética, por tres a uno-, en Buenos Aires los "mayores" apenas pudieron arañar un empate 2-2 ante la escuadra "verdeamarela", que no sirvió para nada. Aunque se dio el lujo de conducir al equipo campeón del mundo, la experiencia de Sacchi al frente de la Selección podría calificarse como "debut y despedida".

Los pantalones de Bilardo

Carlos Salvador Bilardo, quien como director técnico del seleccionado argentino consiguió la Copa del Mundo en México 1986 y un subcampeonato en Italia 1990, siempre se caracterizó por ser un entrenador minucioso, que "estaba en todas", y que no pasaba detalle por alto ni dejaba circunstancia alguna librada al azar. Como muestra bien puede destacarse una actitud que el entrenador tuvo poco después de que Argentina igualara en dos tantos con Ecuador, como visitante, por la Copa América de 1983. Tras el empate, Bilardo devolvió a la firma "Le Coq Sportif" -proveedora de la ropa deportiva de la Selección- todos los pantalones asignados al primer equipo, y pidió que se los cambiaran por otros que poseyeran un bolsillo "secreto" en la parte interior. "Quiero que cada jugador lleve allí dos o tres rodajas de limón -se justificó el técnico-. Cuando jugamos en Quito, no tenían bolsillos, y (el mediocampista Miguel Ángel) Russo llevó pedazos de limones en dos bolsitas plásticas que colocó junto a uno de los postes de (el arquero Nery) Pumpido y al lado del banderín de la media cancha". Russo no había tenido en cuenta la "viveza criolla" de los chicos que alcanzaban las pelotas, quienes desde el anonimato aportaron lo suyo para colaborar con su equipo y, de paso, disfrutar de unos deliciosos trozos de jugosos cítricos. "Cuando la altura comenzó a secar las gargantas -prosiguió Bilardo, en referencia a la situación geográfica de la capital ecuatoriana, a casi 2.900 metros sobre el nivel del mar-, todos pedían un pedazo de limón, y no había más. Eso no volverá a pasar si tenemos bolsillos en los pantaloncitos".

Bilardo reveló además que "en ese mismo encuentro de la Copa América se produjo un caso que nos permitió aprender algo importante. Nosotros nos habíamos puesto arriba 0-2, con dos tantos de (el volante ofensivo) Jorge Burruchaga. Cuando 'Burru' marca la segunda conquista, todos los muchachos corrieron a abrazarse con él hasta una de las esquinas. ¡Casi se mueren todos por el efecto de la altura! Un futbolista del llano no puede darse ese lujo a casi tres mil metros sobre el nivel del mar. Ese desgaste extra se confabuló contra el equipo, que terminó resignando la victoria y pidiendo la hora para llevarse un magro empate 2-2. Así, aprendí que hay que dosificar muy bien las energías. Durante el Mundial de México", que también sometió a los equipos visitantes a la altura, aunque su efecto fue más moderado por tratarse "sólo" de unos 2.200 metros sobre el nivel del mar, "llegamos a practicar cómo celebrar los goles: se festejaba por línea, los delanteros por un lado, los mediocampistas por otro y los defensores entre sí. De esta forma, además de no derrochar esfuerzo, cuando se reanudaba el juego nunca nos agarraban desordenados ni mal parados. Practicábamos cómo gritar un gol".

Convocatoria explosiva

En su autobiografía "Doctor y campeón", Carlos Bilardo destacó que para la Copa América de 1983 eligió a un defensor para jugar un solo encuentro, ante Brasil, país que llevaba trece años invicto ante su gran rival sudamericano. "En ese momento, Roberto Mouzo, un jugador que actuaba en Boca Juniors, era el único que conocía el oficio del stopper en el país y yo lo consideraba ideal para anular a Roberto Dinamita, un goleador notable que jugaba en Vasco da Gama y había estado en Barcelona. Me reuní con él y le expliqué: 'Roberto, en la Copa América tenemos que jugar contra Brasil. Te necesito en ese partido para marcar a Roberto Dinamita, nada más. No te prometo la Selección, te necesito este partido. Si te parece bien, me decís 'sí'. Si no, me decís 'no''. 'Sí, Carlos -me contestó tajante-, yo juego'. Lo puse en la cancha de River contra Brasil, anuló por completo a Roberto Dinamita y terminamos ganando uno a cero con un tanto de Ricardo Gareca. En ese match quebramos una racha negativa con Brasil, que llevaba 13 partidos y 13 años sin victorias argentinas. Después de ese encuentro, lo puse contra Ecuador y no volví a citarlo, porque yo ya estaba practicando con otros jugadores que eran más jóvenes y podían llegar en óptimas condiciones a (el Mundial de) México (1986)". Argentina no logró pasar a semifinales por aquel empate 2-2 en Quito que se le escapó en el final y otra idéntica igualdad en Buenos Aires ante el mismo rival. Pero, al menos, la estrategia de Bilardo permitió romper el maleficio "verdeamarelo".

Referí no grato

Ese segundo empate dos a dos entre Argentina y Ecuador, jugado el 7 de septiembre en el estadio de River Plate, conocido como "El Monumental", provocó un incidente diplomático. Sucedió que, con el marcador 1-1 y el tiempo casi cumplido, el referí boliviano Oscar Ortubé sancionó un penal para el equipo visitante que Hans Maldonado transformó en gol. El partido continuó con la excesiva adición de doce minutos hasta que el pícaro Ortubé volvió a pitar una "pena máxima", en este caso para la selección albiceleste. Jorge Burruchaga igualó el score del encuentro, que se cerró con un polémico 2-2. La furia por la evaporación de lo que hubiera sido una histórica victoria se extendió hasta la Casa de Gobierno ecuatoriana en Quito. El presidente constitucional Oswaldo Hurtado ordenó a su ministro de Relaciones Exteriores, Rodrigo Valdez, que se declarara "persona no grata" al referí boliviano y se le negara la entrada al país. Valdez emitió una circular que se difundió... ¡a todas las embajadas ecuatorianas en el mundo! Hasta el cierre de la edición de este libro, la selección "tricolor" nunca había podido vencer a la de Argentina en un partido de Copa América.

Dos partidos, dos goles, un título

El sistema de competencia empleado para la Copa América de Argentina 1987 fue el último que clasificó al campeón de la edición anterior para las semifinales. Mucho tuvo que ver en esta decisión la facilidad con la que Uruguay se apoderó del título. El equipo oriental necesitó marcar apenas dos goles para dar la vuelta olímpica: el 9 de julio, en el porteño estadio "Monumental" de River Plate, derrotó a Argentina por la mínima diferencia gracias a una ajustada definición del delantero Antonio Alzamendi ante el arquero Nery Pumpido. En esa cancha, el veloz atacante se sintió como en casa porque, vaya paradoja, por ese tiempo actuaba profesionalmente en la institución "millonaria" y era compañero de Pumpido. Tres días más tarde, Uruguay superó a Chile con otro uno a cero, en este caso anotado por Pablo Bengoechea dentro del área chica rival, tras un rebote concedido por el portero Roberto "Cóndor" Rojas. Para los dos siguientes campeonatos, Brasil 1989 y Chile 1991, se dividió a los diez participantes en dos zonas de cinco equipos de las que se clasificaron los dos primeros de cada una para un cuadrangular final.

Final colorada

La final de la Copa América de Argentina 1987 fijó un récord extra: la de mayor cantidad de expulsados en un partido culminante del certamen continental. El referí brasileño Romualdo Arppi Filho les mostró la tarjeta roja a los uruguayos Enzo

Francescoli y José Perdomo, y a los chilenos Eduardo Gómez y Fernando Astengo.

Higuita

El arquero colombiano René Higuita se destacó por su notable capacidad para pegarle a la pelota. A lo largo de casi 25 años de carrera profesional, el portero nacido en Medellín marcó 44 tantos en encuentros oficiales, 37 de penal y 7 de tiro libre, lo que lo colocaba, al cierre de la primera edición de este libro, en el tercer puesto del ranking mundial de porteros goleadores, detrás del brasileño Rogério Ceni (129) y el paraguayo José Luis Chilavert (62). Higuita sí es dueño de una marca exclusiva: haber conseguido la primera conquista de un arquero en la Copa América. Este logro se concretó el 3 de julio de 1989 en el estadio "Fonte Nova" de Salvador, Brasil, donde el colombiano venció a su colega venezolano César Baena mediante la ejecución de un penal. Este gol, además, fue el único que Higuita anotó para Colombia de manera oficial.

Si lo dice Diego...

Brasil empezó a calzarse la corona de campeón de la Copa América 1989 organizada en su tierra el 12 de julio, cuando superó a Argentina por dos a cero en un encuentro vibrante. El arquero albiceleste Nery Pumpido había conseguido mantener el cero en su valla durante el primer tiempo, en base a excelentes atajadas. Pero, apenas tres minutos después de iniciado el complemento, el delantero bahiano José Roberto Gama de Oliveira, más conocido como "Bebeto", rompió la igualdad con un golazo. Tras un centro del paulista Paulo Silas y un toque de lujo del carioca Romário da Souza Faria, Bebeto, casi en el punto del penal, echó su cuerpo para atrás y ensayó una tijera que lanzó el balón al ángulo del, hasta ese momento, inexpugnable Pumpido. Brasil cerró su victoria siete minutos más tarde, luego de que Romário eludiera al portero argentino y definiera ante el arco libre. Cuando terminó el clásico sudamericano, el capitán visitante, Diego Maradona, se acercó a Bebeto, le regaló su camiseta y lo felicitó por su maravillosa conquista. "Te merecés una placa en este estadio", aseguró el "10" albiceleste.

Déjà vu

El último partido del cuadrangular final de la Copa América Brasil 1989 agitó los fantasmas del pasado. Al igual que en el Mundial de 1950, la selección local y Uruguay llegaban al último partido del certamen para definir el título en el mismo estadio, "Jornalista Mário Filho", conocido mundialmente como "Maracanã", y ante una multitud récord para la competencia que, oficialmente, era idéntica: 170 mil fanáticos (aunque se dice que, en el desenlace de la Copa del Mundo, la afición fue de 200 mil porque unas 30 mil ingresaron sin sus correspondientes boletos, burlando los controles o como "invitados"). El escenario era calcado, además, porque el Mundial de 1950 fue el único que no tuvo una "final" propiamente dicha: Brasil y Uruguay disputaron el último choque de un cuadrangular que habían completado España y Suecia. Asimismo, como en 1950, el equipo anfitrión necesitaba sólo un empate para consagrarse (en el Mundial, Brasil había goleado a las dos escuadras europeas, mientras que la "celeste" había vencido a Suecia e igualado con España; en la Copa América, los dos habían derrotado a Argentina y Paraguay, pero el combinado "verdeamarelo" había logrado una mejor diferencia de gol). La pequeña gran diferencia estuvo en los uniformes: Uruguay repitió su atuendo de siempre, camiseta celeste con pantalón y medias negros; su rival usó remera amarilla con vivos verdes, short azul y calcetines blancos, combinación adoptada luego de que se desterrara el "maldito" atavío totalmente albo lucido hasta el día del "Maracanazo". En medio de semejante atmósfera, el primer tiempo terminó sin goles, ¡como en 1950! Brasil abrió el marcador apenas comenzada la segunda etapa, ¡como en 1950! (Albino Friaça Cardoso lo había hecho en el Mundial, Romário da Souza Faria en la copa continental). Mas las coincidencias terminaron allí, porque la selección huésped en esta oportunidad sí pudo conservar su arco invicto para ganar la Copa América después de 40 años de sequía sudamericana. Para los uruguayos, la consagración "verdeamarela" no alcanzó para tapar la hazaña de 1950. A los hinchas brasileños poco les importó eso. Al fin y al cabo, la enorme mayoría ni siquiera había nacido cuando se produjo el mayor golpe de la historia del fútbol mundial.

Marea roja

El partido con el mayor número de expulsados en una Copa América se disputó el 17 de julio de 1991 en el estadio "Nacional" de Santiago, capital de Chile. El duro duelo entre Argentina y Brasil que abrió el cuadrangular final del certamen terminó con cinco tarjetas rojas exhibidas por el árbitro paraguayo Carlos Maciel: dos para los albicelestes Claudio Caniggia y Carlos Enrique, y tres para los brasileños Iomar "Mazinho" do Nascimento, Márcio Bittencourt y Carlos Alberto Bianchezi.

El desquite

El delantero brasileño Carlos Alberto Bianchezi citado en la historia anterior, conocido en el mundo del fútbol por el apodo de "Careca Tercero" o "Careca Tres" -por tener el mismo sobrenombre que otros jugadores de su país, como por ejemplo Antônio de Oliveira, aquel centro atacante que vistió la camiseta del club italiano SSC Napoli con Diego Maradona-, quedó el 17 de julio de 1991 en la historia de la Copa América, y no precisamente por sus buenas condiciones para manejar el balón. Mientras Argentina derrotaba a Brasil por tres a dos en el estadio Nacional de Santiago, en el primer partido del hexagonal final de la Copa América de Chile, Bianchezi reemplazó a su compatriota João Paulo a los 79 minutos. Apenas pisó la cancha, el atacante corrió hacia el área rival, se paró junto al vehemente defensor Oscar Ruggeri y, sin abrir la boca ni manifestar amenaza alguna, lanzó un puñetazo que hizo blanco en el rostro del zaguero albiceleste. Ruggeri cayó al suelo con la nariz destrozada y el árbitro paraguayo Carlos Maciel le mostró la tarjeta roja al agresor, que apenas había estado un minuto sobre el césped. Años más tarde, Ruggeri relató en un programa de televisión que, hasta el momento en el que recibió el golpe, "no sabía quién era Careca Tres, no sabía que existía. Estábamos jugando el partido con Brasil y veo que hacen un cambio. Entra un flaquito y a los diez segundos, ¡pim! ¡Me dio una trompada que me quebró la nariz!". Argentina ganó ese crucial duelo -en el que también fueron expulsados Claudio Caniggia, Héctor Enrique y los brasileños Márcio Bittencourt y Iomar "Mazinho" do Nascimento- que sería fundamental para la obtención del título continental después de 32 años de sequía. Sin embargo, el pleito no había finalizado para Ruggeri: "Me bañé y lo fui a buscar (a su atacante). Quería saber por qué me había pegado. Le dije al 'Coco' (Alfio Basile, el técnico argentino) que me iba al micro de ellos a ver quién me había pegado. Me meto en el micro y (Bianchezi) estaba sentado atrás. Me fui por el pasillo pero no llegué hasta él: me agarraron todos los demás ¡Me bajaron del micro a patadas y piñas! Careca me miraba y se reía; yo le grité: 'Vos reíte, pero ya te voy a encontrar, algún día nos vamos a encontrar'". Pasaron dos años y el defensor se olvidó del violento suceso. En mayo de 1993, América de México, el club del Distrito Federal al que había arribado el futbolista albiceleste algunos meses antes, debía enfrentar a Monterrey en las semifinales del campeonato azteca. Unos días antes del partido "de ida", el técnico de "las águilas", el también argentino Miguel Ángel López, dibujó en una pizarra la formación del rival. "De '9' -les explicó a sus hombres-, va a jugar un brasileño que se llama Carlos Bianchezi pero que es conocido como 'Careca Tres'".

Ruggeri, quien de inmediato recordó la situación vivida en Chile, preguntó: "¿Ese Careca es uno que jugó en la selección?". Tras la respuesta afirmativa, el defensor retrucó: "Quedate tranquilo, ellos van a tener uno menos". López le reclamó a su jugador que revelara por qué había dicho eso. Al escuchar la explicación de Ruggeri, el técnico imploró al zaguero que, por favor, no se hiciera expulsar en tan trascendental encuentro. "Quedate tranquilo", contestó. El 19 de mayo, en el coliseo "Tecnológico" de Monterrey, el club rayado se impuso a su rival metropolitano por uno a cero. ¿El gol? Lo marcó Bianchezi, luego de una larga carrera que había comenzado en clara posición adelantada. En la revancha, disputada en el estadio Azteca de la capital mexicana, América no pudo vencer a su rival porque el referí Berny Ulloa Morera -un costarricense que había actuado en el Mundial de 1986 y había sido contratado especialmente por la federación tricolor luego del polémico gol avalado por el juez local Miguel Ángel Salas en el primer duelo-, les anuló tres conquistas legítimas a los hombres "azulcremas" por "off sides" inexistentes. Furioso por los fallos arbitrales adversos que, a poquito del final, cerraban la posibilidad de equilibrar la serie, y todavía resentido por lo que había ocurrido dos años antes en Chile, Ruggeri aprovechó una pelota dividida en el minuto 82 para lanzar una patada que sacó de la cancha al delantero brasileño. "Se fue en camilla, llorando. ¡Yo no quería que se fuera! '¡No te vayas, que todavía no te pegué!', le grité", recordó con humor ácido el "Cabezón". El desquite no finalizó allí. Luego del pitazo que bajó el telón y selló la victoria de Monterrey, Ruggeri salió disparado de la cancha hacia el banco de suplentes rayado, donde consiguió saciar su sed de venganza a las trompadas contra Bianchezi. Por ese virulento suceso, el zaguero fue condenado por la federación mexicana a cumplir una pena de ocho partidos de suspensión.

Capítulo 4
Tiempos modernos

Para la edición de Ecuador 1993, la CONMEBOL decidió reformar el sistema de competencia del torneo que, hasta ese momento, había sido sólo sudamericano. Se determinó que cada nuevo certamen convocara a doce participantes, distribuidos en tres grupos iniciales de cuatro equipos. Los dos primeros de cada cuarteto más los dos mejores terceros pasan a una ronda final de eliminación directa a partir de cuartos de final. Debido a que la CONMEBOL está integrada sólo por diez naciones, número insuficiente para completar el fixture de doce equipos, se decidió invitar a dos equipos de la CONCACAF, la asociación que nuclea los países del Caribe, Centro y Norteamérica. Así, países como México, Estados Unidos, Costa Rica, Honduras o Jamaica han podido disputar el gran certamen sudamericano (se ha previsto que, para la "Copa del Centenario" de Estados Unidos, por única vez intervengan 16 selecciones, 10 de América del Sur y 6 afiliadas a la CONCACAF, entre ellas la nación anfitriona). También lo hizo Japón, una sola vez, en 1999, en un caso que pareció promocional por tratarse de uno de los anfitriones del Mundial de 2002. De los nueves campeonatos realizados en este lapso, Brasil se coronó cuatro veces. Colombia y Chile, por su parte, lograron romper en este período su sequía continental, en ambos casos aprovechando su condición de anfitriones.

En el aire

La continuidad de un técnico al frente de un equipo depende, generalmente, del éxito de su trabajo. En el mundo del fútbol se suele decir que los entrenadores son "fusibles" que saltan cuando los resultados no acompañan. Por ello, resultó muy extravagante que el conductor de la selección de Paraguay, el argentino Héctor Corte, fuera echado antes del inicio de la Copa América de Ecuador 1993 y... ¡en medio del viaje del equipo entre Asunción y la sede del campeonato! El increíble incidente se produjo el martes 15 de junio, apenas tres días antes de que la escuadra albirroja debutara con Chile en el estadio "Alejandro Serrano Aguilar" de la ciudad de Cuenca. Paraguay no voló de manera directa a Ecuador, sino que debió hacer una escala en Buenos Aires. Como los dos tramos quedaron separados por varias horas de espera, Corte decidió llevar a sus jugadores hasta un parque del barrio porteño de Palermo para realizar allí ejercicios físicos hasta la hora de partir hacia Ecuador, en lugar de desaprovechar el tiempo en el aeropuerto. Sin embargo, el presidente de la delegación guaraní, José Medina Segalés, se negó a cumplir con los deseos del entrenador. El delegado no quiso contratar un micro para trasladar al equipo porque, argumentó, "llovía, era feriado (lo que aumentaba la tarifa del alquiler) y nos dijeron que en esa zona había muchos asaltos". Ante el planteo de Medina Segalés, el técnico prefirió dar un paso al costado "antes de que surjan nuevos problemas". El seleccionado guaraní partió, finalmente, al mando de un nuevo conductor: Alicio

120

Solalinde, quien era asistente de Corte. Tal vez por causa del increíble cortocircuito, Paraguay arribó al certamen debilitado. Apenas llegó hasta cuartos de final (se clasificó en el Grupo B, detrás de Perú y Brasil, como uno de los dos mejores terceros), instancia definitoria en la que fue goleado por Ecuador, tres a cero.

Levantaron la copa... ¡de cerveza!

La alegría por la victoria 2-0 ante Estados Unidos -que había sido invitado junto a México para participar de la Copa América de Ecuador 1993, en una nueva reforma del formato de competencia- se les fue de las manos a dos de los futbolistas locales. Según el periódico ecuatoriano "El Comercio", la misma noche del triunfo que clasificó a la selección anfitriona para la segunda fase, dos jugadores celebraron hasta avanzada la madrugada en un casino cercano al lujoso "Hotel Quito", donde se concentraban, dale que dale con el alcohol. Empezaron con cerveza, siguieron con aguardientes y remataron su faena con champaña. Al regresar a su alojamiento, los futbolistas "estaban tan borrachos que no podían decir ni sus nombres". El entrenador montenegrino Dusan Draskovic echó del equipo a los dos juerguistas y no volvió a tenerlos en cuenta para el resto de la Copa ni para la Eliminatoria del Mundial de Estados Unidos 1994.

Europeos

Además del montenegrino Dusan Draskovic, conductor táctico de Ecuador, la edición 1993 de la Copa América incluyó a otros cuatro técnicos europeos, lo que significó un insólito récord. El español Xavier Azkargorta dirigió a Bolivia, y los serbios Velibor "Bora" Milutinovic, Ratomir Dujkovic y Vladimir Popovic, a Estados Unidos, Venezuela y Perú, respectivamente.

Cambio y fuera

Luego de que las victorias sobre Bolivia (2-1) y Chile (4-0) aseguraran la clasificación para la segunda ronda, el técnico argentino, Daniel Passarella, decidió darle descanso a la mayoría de sus titulares y utilizar a varios suplentes frente a un rival que parecía muy endeble: Estados Unidos. El entrenador confió en que la débil selección norteamericana, invitada por segunda vez en esta edición de la Copa América, Uruguay 1995, no sería un obstáculo en el camino hacia la final. Los yanquis, que habían salido últimos en Ecuador 1993, acababan de perder con el flojo combinado boliviano por uno a cero. Sin embargo, el 14 de julio en el estadio "General Artigas" de Paysandú, la escuadra estadounidense dio el gran batacazo: goleó a Argentina (que además de sustitutos había alineado figuras como Gabriel Batistuta, Diego Simeone, Marcelo Gallardo o Ariel Ortega) por tres a cero y se clasificó primera en su zona, ¡por encima del equipo de Passarella! Por haber terminado en el segundo lugar de su grupo, la selección albiceleste debió mudarse a la ciudad de Rivera para enfrentar a Brasil en cuartos de final. En esa instancia, el "scratch" se impuso por penales tras un empate a dos y un cuestionado gol de Túlio Humberto Pereira Costa, quien había bajado la pelota con la mano en la jugada previa a la conquista.

Al ser consultado por la prensa sobre la sorpresa estadounidense y la arrogante estrategia argentina de menospreciar al oponente, el gran entrenador brasileño Mario Zagallo, campeón del mundo en México 1970, reflexionó: "Fue una lección para todos los técnicos del mundo".

Helicóptero

El 15 de julio de 1995, un día antes de que el estadio "Centenario" de Montevideo fuera el escenario de dos partidos de cuartos de final de la Copa América que ese año organizó Uruguay, una fuerte tormenta pasó por agua la metrópoli oriental. La gran cantidad de lluvia caída inundó el césped del coliseo donde debían jugar, en una doble jornada, Colombia-Paraguay y Uruguay-Bolivia. Para superar el imprevisto meteorológico, los organizadores del torneo tuvieron una idea brillante: utilizar un helicóptero. La aeronave se posó en diversos sectores de la cancha y, con sus aspas funcionando como un ventilador, eliminó el agua caída y permitió que los dos duelos se desarrollaran con normalidad.

La tormenta había provocado, además, la postergación del último partido del grupo inicial A, entre Uruguay y México, que pasó del 12 al 13 de julio. Sin embargo, ningún funcionario de la organización del certamen informó el aplazamiento a la selección azteca, que el día fijado para el encuentro se presentó en un Centenario desierto y cerrado. "El que nos avisó que no se jugaba fue el portero del estadio", dijo a la prensa con amargura el entrenador Miguel Mejía Barón. Al menos, al día siguiente, México consiguió un fundamental empate 1-1 que le permitió clasificarse para la segunda ronda del certamen continental.

¡Qué suerte para la desgracia!

El famoso arquero paraguayo José Luis Chilavert protagonizó una serie muy curiosa en la Copa América: atajó tres penales en tres partidos, pero en todos esos encuentros su equipo... perdió. El primer remate que contuvo "Chila" ocurrió el 14 de julio de 1991 en el estadio "Nacional" de Chile, ante la selección local. El portero rechazó el disparo de Jaime Pizarro cuando su equipo ya caía por dos a cero. A pesar de la buena actuación de Chilavert, el equipo "rojo" ganó ese día por cuatro a cero. La segunda atajada se produjo el 26 de junio de 1993 en los cuartos de final del torneo realizado en Ecuador. Otra vez ante el equipo local, otra vez con el marcador dos a cero en contra, Chilavert desactivó el pelotazo de Carlos Muñoz. Empero, el tricolor terminó imponiéndose por tres a cero. La tercera proeza se cristalizó el 22 de junio de 1997, en los cuartos de final del campeonato que organizó Bolivia. El arquero contuvo el remate del brasileño Ronaldo Luís Nazário de Lima en una suerte de revancha, porque el "Gordo" ya le había clavado dos goles. El marcador no se movió y el "scratch" se impuso por dos a cero.

Copa Amerasiática

Tal vez suene increíble, pero en la Copa América ha participado la selección de un país que no pertenece a este continente: Japón. La intervención nipona tuvo lugar en la edición de Paraguay 1999, como una suerte de gesto cariñoso hacia uno de los países que organizaría el siguiente Mundial, junto a Corea del Sur. Japón intervino en el grupo A: perdió tres a dos con Perú, cuatro a cero con el anfitrión Paraguay y apenas rescató un empate 1-1 con Bolivia. De los tres goles señalados por la escuadra oriental, dos fueron obra de un brasileño, Wagner Augusto Lopes, quien se había nacionalizado luego de varios años de jugar en la liga del país del sol naciente. La experiencia japonesa fue "debut y despedida", porque, aunque la selección azul fue invitada a participar otra vez para la edición de Argentina 2011 –inclusive, el sorteo depositó al equipo en el grupo A junto al local, Bolivia y Colombia–, un terremoto ocurrido en marzo de ese año, que fue seguido por un destructor tsunami, obligó a la federación oriental a desistir de intervenir en la competencia. La selección de Japón, entonces, fue reemplazada por la de Costa Rica.

Situación espinosa

Al paraguayo Roberto Acuña le cayó mal la cena. Pocos días antes del inicio de la Copa América que se desarrolló en 1999 en tierra guaraní, el mediocampista amenazó con renunciar al equipo anfitrión porque le habían servido pescado. El argentino nacionalizado paraguayo, que previamente había comunicado su repugnancia por ese tipo de carne, se peleó con el entrenador Ever Almeida porque, según explicó a la prensa, no le permitió "comer otra cosa". Finalmente, futbolista y técnico arreglaron sus diferencias gastronómicas y el altercado no pasó de un mal bocado.

El récord de Palermo

La titánica carrera del delantero argentino Martín Palermo está repleta de gestas antológicas. Goles de todo tipo y en cualquier circunstancia hilvanaron una gigantesca galería de éxitos. No obstante, la tarde del 4 de julio de 1999 será siempre recordada por su récord mundial... negativo. Ese día, cuando las selecciones de Argentina y Colombia chocaron por la Copa América de Paraguay, los arcos que debió enfrentar Palermo en el estadio "Feliciano Cáceres" de la ciudad de Luque parecieron tener mucho menos de 2,44 metros de alto, porque el rubio delantero desvió dos penales sobre el travesaño, a los 5 y 76 minutos. A los 90, el árbitro paraguayo Ubaldo Aquino marcó una tercera "pena máxima" para Argentina. "Tomé la pelota, miré al banco y no vi ninguna indicación. El Ratón (Roberto) Ayala me preguntó si estaba bien y le dije que sí. Nadie se ofreció. Si alguien lo hubiese hecho, no me habría opuesto. No estaba encaprichado en patearlo yo sino que consideré que, al no haber otro candidato, me correspondía a mí, que era el encargado de los penales... Para que no se me fuera alta, esta vez lo tiré a media altura, sobre la izquierda de (el arquero Miguel) Calero, pero otra vez sopa: me lo atajó", relató el mismo Palermo. En ese mismo encuentro, el referí Aquino concedió otros penales al equipo "cafetero": el portero "albiceleste" Germán Burgos le paró uno a Hamilton Ricard e Iván Córdoba anotó el restante. Palermo admitiría tiempo después que esa aciaga tarde había quedado marcada a fuego. "En la final por la Libertadores contra el Palmeiras (el 21 de junio de 2000, casi un año después), rezaba para que no llegáramos a una definición por penales", reconoció. De todos modos, el goleador no se achicó y fue uno de los encargados de tirar: su exitosa conquista, por fin, contribuyó para que Boca se quedara con la Copa en el estadio paulista "Cícero Pompeu de Toledo", conocido como Morumbí.

Escándalo

La temprana eliminación de la selección argentina de la Copa América de Paraguay 1999, en cuartos de final ante Brasil (dos a uno en el estadio "Antonio Oddone Sarubbi" de Ciudad del Este), generó una tormenta en el seno del plantel que dirigía el técnico Marcelo Bielsa. Con el ambiente muy caldeado por lo que los futbolistas, entrenadores y dirigentes consideraban una prematura despedida del torneo continental, el entonces delantero de Independiente José Luis Calderón no tuvo mejor idea que increpar a Bielsa para reprocharle que no lo había incluido en el equipo en ninguno de los cuatro partidos disputados por la escuadra "albiceleste". La vehemente discusión se desarrolló en el salón de embarque del aeropuerto internacional "Silvio Pettirossi" de Asunción, a la vista y oídos de otros pasajeros, como un fotógrafo de la Agencia Diarios y Noticias (DyN) que fue testigo privilegiado de lo ocurrido. El entredicho se gestó por una entrevista que, desde Paraguay, Calderón había concedido a una radio argentina la noche anterior al regreso. A lo largo del reportaje, el atacante "rojo" manifestó su malestar contra el entrenador por no haberlo tenido en cuenta un solo minuto a lo largo de la competencia (Calderón ya había protagonizado un hecho similar luego de la eliminación argentina en la Copa América de Bolivia 1997, casualmente también en cuartos de final, porque el técnico anterior, Daniel Passarella, no lo había seleccionado para el match definitorio ante Perú). Minutos antes de que el plantel subiera al avión que lo trasladaría de vuelta a su patria, Bielsa recibió un llamado que lo alertó sobre los dichos de Calderón. Enseguida, en caliente, citó al defensor Roberto Ayala y al mediocampista Diego Simeone, capitán y subcapitán del equipo respectivamente, para que congregaran a todos los jugadores allí mismo. "Marcelo, ¿no le parece que éste no es el lugar adecuado?", cuestionaron Ayala y Simeone. "Ustedes reúnan al grupo", porfió el entrenador. Agrupados los deportistas, se generó el siguiente diálogo:

Bielsa: "Calderón, no mereciste haber venido. ¿Cómo pudiste haber dicho públicamente que acá estuviste de más? Le faltaste el respeto al grupo".

Calderón: "Es que yo estuve de adorno, reconócelo. ¿Para qué carajo me trajiste?".

Bielsa: "Sos una basura por decir eso".

Calderón: "Y vos sos un hijo de p...".

El técnico, desencajado por el atrevimiento verbal del delantero, se abalanzó sobre Calderón para golpearlo, mas fue contenido por varios de los futbolistas que habían asistido al altercado como testigos. Según el reportero gráfico que presenció el inusual suceso, "Bielsa intentó avanzar sobre Calderón y se produjeron forcejeos para separarlos". El entrenador trató de poner paños fríos a la violenta situación durante una conferencia de prensa ofrecida al llegar al centro de entrenamiento de la Asociación del Fútbol Argentino en Ezeiza. Calderón nunca volvió a ser convocado a la Selección.

Niebla

No se veía nada. La niebla había cubierto por completo el estadio "Antonio Oddone Sarubbi" de Ciudad del Este, una de las sedes de la Copa América de Paraguay 1999. Frente al espontáneo y notable incidente meteorológico, el árbitro argentino Horacio Elizondo sugirió a los futbolistas de Brasil y Chile que protagonizaban el encuentro esperar unos minutos para evaluar si el fenómeno se disipaba. Pero, como la bruma se volvía cada vez más densa, el referí no tuvo más remedio que suspender el partido con el marcador favorable a la selección "verdeamarela" por uno a cero. Elizondo adoptó esa medida amparado en un antecedente ocurrido durante el duelo por el tercer puesto del sudamericano de Argentina 1987: Colombia derrotó en esa oportunidad a la escuadra local por dos a uno en medio de una neblina que no permitía ver nada desde las tribunas, y muy poco dentro del campo. Al día siguiente de la suspensión de Brasil-Chile, la CONMEBOL acordó dar por finalizado ese encuentro con el marcador como estaba al momento de la interrupción. "Se tomó tal resolución tras sopesar las distintas situaciones y después de haber consultado con la FIFA, además de los dirigentes de los equipos afectados. El Comité Organizador estimó que no se afectan los intereses de ninguno de los equipos y creyó oportuno salvaguardar la organización del torneo", se informó a través de un comunicado oficial. En efecto, Chile no protestó el fallo porque, aunque disponía de tiempo para igualar el cotejo, con ese resultado se clasificaba para los cuartos de final como mejor tercero.

Pañales

En febrero de 2011, el ex entrenador de la selección brasileña Wanderlei Luxemburgo, quien había conducido a su equipo a ganar la Copa América de Paraguay 1999, lanzó una bomba: reveló que, durante el certamen guaraní, el gran delantero Ronaldo Luís Nazário de Lima había jugado con... ¡pañales! Luxemburgo -quien al momento de la curiosa confidencia era entrenador del club carioca Flamengo-, explicó que "Ronaldo padecía sobrepeso y tratamos de hacerle perder unos kilos. El médico le dio un medicamento llamado Xenical, efectivo, pero que aceleraba las evacuaciones. Así, para evitar 'incidentes', el jugador se vio obligado a utilizar pañales". A pesar de su incómodo y deshonroso atuendo, el "Gordo" fue el goleador de la contienda con cinco tantos. Uno de los gritos se produjo en la final ante Uruguay en el estadio Defensores del Chaco, que cerró el tres a cero que consolidó la consagración brasileña.

La paz le ganó a la violencia

La primera Copa América organizada por Colombia, entre el 11 y el 29 de julio de 2001, estuvo muy cerca de fracasar. El accionar de las Fuerzas Armadas Revolucionarias de Colombia (FARC), un grupo guerrillero que, según su proclama, pretende establecer un estado comunista en el país, hizo peligrar la realización del torneo, en especial después del secuestro extorsivo del vicepresidente de la Federación Colombiana de Fútbol, Hernán Mejía Campuzano, el 25 de junio. "El secuestro de un compañero es algo que no podemos ignorar y esa situación hizo que la mayoría de los dirigentes nos replanteáramos la posibilidad de que el torneo se realice en Colombia", afirmó el titular de la CONMEBOL, Nicolás Leoz. El sábado 30, durante una reunión de la confederación sudamericana en su sede de Asunción, a la que acudieron el presidente cafetero Andrés Pastrana y el propio Mejía Campuzano, liberado tres días antes, varios países -Argentina, Brasil y Uruguay, entre otros- ratificaron que no se presentarían si la Copa se realizaba en la nación caribeña, dado el contexto de violencia política. Leoz había llegado a sugerir una postergación para 2002, idea que naufragó por la cargada agenda del año siguiente, con el Mundial de Corea y Japón. Empero, los colombianos, encabezados por el propio Pastrana, lograron revertir las opiniones de varios delegados y la ratificación del torneo. "Quitarle a Colombia la Copa es el peor de los atentados", sostuvo el mandatario, quien agregó que un negociador de las FARC se había comprometido a mantener la paz durante el desarrollo del evento sudamericano. La presión de las empresas dueñas de los derechos televisivos cerró la discusión y franqueó el camino hacia el campeonato. Sin embargo, un equipo no se presentó. El presidente de la Asociación del Fútbol Argentino, Julio Grondona, justificó el desaire de su selección por una amenaza de muerte que, por escrito, había llegado semanas antes a la embajada "albiceleste" en Bogotá contra los futbolistas de ese país. "Se ha recibido una comunicación oficial del Ministerio de Relaciones Exteriores de nuestro país en la que se informa de una serie de amenazas a la delegación argentina, respecto a posibles atentados contra la misma", explicó el Comité Ejecutivo de la AFA mediante un comunicado. El diario deportivo Olé reveló que la Secretaría de Inteligencia no le brindó a la AFA "ninguna recomendación oficial, pero informalmente le indicó que no era conveniente viajar. Y dejó en claro que en caso de hacerlo, la Secretaría de Inteligencia no se podía hacer cargo de la seguridad del plantel por no tener competencia ni infraestructura". Con todo ese panorama negativo, los directivos coincidieron en que lo mejor era que la escuadra "albiceleste" no participara. "Nosotros no podemos poner en peligro vidas ajenas", dijo el presidente de San Lorenzo y miembro del Comité Ejecutivo de la entidad, Fernando Miele. La plaza de Argentina fue rápidamente ocupada por Honduras, feliz con el ofrecimiento. El certamen se desarrolló con absoluta normalidad.

La sorpresa

Aunque su equipo llegó "de últimas" por la ausencia argentina, la selección de Honduras tuvo un papel extraordinario en la Copa América organizada por Colombia en 2001. La performance arrancó mal, con una derrota 1-0 ante Costa Rica. Empero, la escuadra centroamericana se recuperó y consiguió tres victorias al hilo: 2-0 sobre Bolivia y 1-0 ante Uruguay en la etapa inicial y un histórico 2-0 frente a Brasil, ya en cuartos de final. La buena racha hondureña se cortó ante la selección local, que se impuso por dos a cero. Pero, en el partido por el tercer puesto, Honduras se quedó con la medalla de bronce al superar a Uruguay por penales, tras un atractivo 2-2 a lo largo de 90 minutos. Gracias a su excelente desempeño, el equipo "bicolor", también conocido como "los simios", escaló hasta el puesto 20 del ranking de la FIFA, la mejor posición de toda su historia.

Para el Oscar

En 2001, los arqueros Oscar Córdoba (Colombia) y Oscar Pérez (México) protagonizaron un duelo único que consistió en dos finales continentales en apenas un mes. El 28 de junio, en el estadio "La Bombonera" de Buenos Aires, los porteros se enfrentaron por la Copa Libertadores: el colombiano, con la camiseta del club argentino Boca Juniors, superó por penales a su colega del equipo Cruz Azul. Boca, que había ganado uno a cero en el imponente coliseo Azteca de México, cayó en su casa por el mismo marcador, lo que dio paso a la serie de remates desde los once metros. Córdoba contuvo uno de los disparos, al chileno Pablo Galdames. Otros dos tiros de "la máquina cementera" salieron desviados y la escuadra "xeneize" dio la vuelta olímpica.

El 29 de julio, en "El Campín" Nemesio Camacho de Bogotá, Córdoba duplicó su gloria luego de que su selección venciera a la mexicana por uno a cero, con un tanto del defensor Iván Córdoba, en el match culminante de la Copa América 2001.

Por otra parte, el portero boquense consiguió en su tierra que su arco se mantuviera invicto en todo el torneo. Córdoba sumó 450 minutos sin recibir goles, marca pudo haber sido más abultada: en el juego ante Chile (tercer encuentro del grupo inicial A), el jugador xeneize le dejó su puesto a su suplente, Miguel Calero. Colombia ganó dos a cero.

El enemigo en casa

No hay equipo que no se queje de la actuación de los árbitros. Lo que sí resultó extraño fue que una selección despotricara contra un referí que no la había dirigido y, además, ¡era de su mismo país! El particular episodio ocurrió el 15 de julio de 2004, durante la Copa América que se disputó en Perú. Costa Rica y Chile luchaban en el estadio "Modelo Jorge Basadre" de Tacna por el tercer lugar del Grupo C, en el que ya habían pasado de ronda Paraguay y Brasil. El que ganaba también se sumaba a los octavos de final, ya que el reglamento de la CONMEBOL permitía la clasificación de los dos mejores terceros de los tres grupos de selecciones participantes. Ya se habían cumplido los tres minutos adicionales por el árbitro boliviano René Ortubé, y el marcador seguía igualado en uno. Aparentemente entretenido por las acciones, el referí dejó que los muchachos siguieran un ratito, hasta que llegó el gol del costarricense Andy Herrón, que clasificó al equipo centroamericano y eliminó, al mismo tiempo, a Chile y... ¡a Bolivia, tercero del Grupo A! Si Ortubé hubiera finalizado el encuentro en el momento correcto, la selección de su propio país hubiera seguido en carrera. Al retornar a casa, al árbitro boliviano no lo recibieron caras de felicidad, precisamente.

La carta

Argentina estuvo muy cerca de ganar la Copa América de Perú 2004. En la final, ante Brasil, abrió el marcador a los 21 minutos del primer tiempo con un penal ejecutado por Cristian González, pero se fue al descanso 1-1 por un tanto recibido a los 46, un cabezazo de Ânderson Luís da Silva ("Luisão") que venció al arquero Roberto Abbondanzieri tras un tiro libre, cuando se jugaba tiempo adicionado. En la segunda etapa, el equipo que dirigía el técnico Marcelo Bielsa volvió a romper la paridad, a los 87 gracias a un disparo de César Delgado, pero otra vez sufrió la igualdad en el lapso agregado, en este caso a los 92, tras una arremetida de Adriano Leite Ribeiro que dejó helado a Abbondanzieri. Brasil, finalmente, se consagró campeón en la tanda de disparos desde el punto del penal. Dos años después, el arquero "albiceleste" intervino en el Mundial de Alemania 2006. En los cuartos de final, ante la escuadra local, Abbondanzieri debió ser reemplazado por Leonardo Franco tras recibir un golpe. Luego, Argentina quedó eliminada, otra vez en la serie de penales.

Unas semanas después de la decepción mundialista, Abbondanzieri recibió una carta de Bielsa. "Me escribió para apoyarme por las críticas que había recibido después del Mundial, por haber salido reemplazado antes de los penales. Fue un gran gesto de él", confió el portero durante una entrevista. Pero la misiva no había terminado allí: en el último párrafo, Bielsa le preguntaba a su ex arquero por el primer gol que me había hecho Brasil en la final de la Copa América 2004, el de Luisão, de cabeza tras el lanzamiento de un tiro libre. "¿Por qué pusiste tres jugadores en la barrera en lugar de cuatro?", cuestionó el obsesivo entrenador en su misiva, más de dos años después de haberse producido esa jugada.

Lluvia de mujeres

La pasión que despierta el habilidoso futbolista argentino Lionel Messi en todo el mundo es notable. En el año 2015, un joven ingeniero agrónomo argentino fue secuestrado en Nigeria por un grupo terrorista. Los delincuentes estuvieron a punto de matar al muchacho por creerlo estadounidense. Sin embargo, le perdonaron la vida luego de que el rehén, de 28 años, mencionara una palabra mágica: "Messi". Después de que la empresa para la que trabajaba pagara un rescate, el ingeniero fue finalmente liberado sano y salvo gracias a la admiración que sus captores tenían por el "10" del club español Barcelona.

Durante la Copa América de Venezuela 2007, la atracción que irradia el talentoso zurdo llegó al extremo de hacer "llover" mujeres. ¿Cómo pudo ocurrir tan insólito suceso? En los cuartos de final, Argentina derrotó a Perú por cuatro a cero en el estadio Metropolitano de la ciudad de Barquisimeto. Mientras el equipo "albiceleste" abandonaba victorioso el terreno de juego una vez finalizado el match, una joven mujer no pudo contener su euforia y se lanzó desde la platea para abrazar a Messi. La muchacha calculó mal su caída, desde unos cuatro metros de altura, y se desplomó a los pies del "10" argentino. Sorprendido, Messi detuvo su marcha hacia los vestuarios, ayudó a la jovencita a incorporarse, la abrazó y siguió caminando. La fanática quedó extasiada, jurando devoción eterna al talentoso futbolista. Embelesada por el encanto del zurdo crack, la intrépida señorita ni siquiera notó que dos policías se la llevaban detenida, a la rastra. El amor fue más fuerte.

Roja veloz

La expulsión más temprana de la historia de la Copa América se produjo el 8 de julio de 2007, cuando México y Paraguay se enfrentaron por los cuartos de final de la Copa América de Venezuela 2007. Apenas iba algo más de un minuto de juego cuando el defensor guaraní Julio César Cáceres le pasó la pelota a su arquero, Aldo Bobadilla, para intentar neutralizar un avance azteca. Pero el envío se quedó corto y fue aprovechado por el veloz delantero Nery Castillo, quien se metió en el área sudamericana como una flecha. Bobadilla, descolocado e indefenso, no tuvo otra opción que derribarlo con una patada. El referí argentino Sergio Pezzota, sin hesitar, marcó penal para México y expulsó a Bobadilla por haber cometido una violenta falta como "último hombre". Iban apenas dos minutos. El técnico "albirrojo", el también argentino Gerardo Martino, no tuvo otra opción que introducir a su portero suplente, Joel Zayas, por uno de sus mediocampistas, Jonathan Santana. El mismo Castillo ejecutó la "pena máxima" y abrió el marcador. Favorecido por la ventaja en el score y en el césped, el equipo norteamericano, que era dirigido por el ex letal delantero de Real Madrid Hugo Sánchez, goleó a su rival de esa noche por seis a cero y se clasificó para las semifinales.

Histórica clasificación

Debieron pasar 13 ediciones de la Copa América para que Venezuela lograra, por fin, pasar la primera ronda del certamen. El seleccionado "vinotinto" aprovechó al máximo su condición de local en el torneo que organizó en 2007 para, además, ser el primero de su grupo, el A. Venezuela inició su camino con un empate a dos con Bolivia en el estadio "Pueblo Nuevo" de San Cristóbal. Luego, venció a Perú por dos a cero, en el mismo escenario del debut, e igualó sin goles con Uruguay en el coliseo "Metropolitano" de Mérida. La esperanza caribeña se apagó en cuartos de final, de retorno a "Pueblo Nuevo". En esa instancia, cayó por cuatro a uno con Uruguay, que había pasado como uno de los mejores terceros.

"Luna de Miel" con otro

La convocatoria a último momento del brasileño Edivaldo Rojas Hermoza para jugar en la selección de Bolivia dio lugar a una curiosa "Luna de Miel". Rojas, nacido en el estado de Mato Grosso pero naturalizado por ser hijo de una mujer boliviana, había fijado la fecha de su boda con Cibele Duarte para unos días antes del comienzo de la Copa América de Argentina 2011, creyendo que no sería llamado para participar de ese torneo. Sin embargo, todo cambió a raíz de la inoportuna (u oportuna, según se vea) lesión de un compañero y el inesperada citación del entrenador de la selección "verde", el argentino Gustavo Quinteros. Rojas viajó a la Argentina para prepararse con su equipo, aunque con una condición: que Quinteros le permitiera viajar a Brasil para casarse con Cibele. El técnico aceptó, pero exigió que el delantero retornara a la concentración al día siguiente de la ceremonia de enlace. Así, Rojas voló, se casó y volvió. El primero de julio, Bolivia consiguió un sorprendente empate 1-1 nada menos que ante Argentina, nación anfitriona y gran candidata al título. ¿Quién marcó el tanto visitante? ¡Rojas! Claro que, finalizado el duelo, el héroe apenas pudo conversar con Cibele por teléfono. Esa gloriosa noche terminó junto al recio delantero Marcelo Martins Moreno, su compañero de habitación.

Finalista sin ganar

En la Copa América Argentina 2011 se produjo un hecho increíble: la selección de Paraguay llegó a la final del torneo sin haber ganado un solo encuentro. El periplo hacia el match culminante comenzó el 3 de julio, con una igualdad sin goles con Ecuador. Seis días más tarde, la escuadra "albirroja" protagonizó un empate muy picante con Brasil, que terminó dos a dos. El 13 de julio, Paraguay cerró su participación en la primera ronda con otro duelo electrizante, ante Venezuela, que finalizó tres a tres. En cuartos de final, el 17 de julio, el equipo que dirigía el argentino Gerardo Martino volvió a igualar con Brasil, en este caso sin que se abriera el marcador a lo largo de 120 minutos. La definición por penales resultó histórica, porque el equipo "verdeamarelo" malogró todos sus remates. El arquero guaraní, Justo Villar, atajó el disparo de Thiago Silva; Elano, André Santos y Fred, en tanto, mandaron el balón afuera. En semifinales, el 20 de julio, Paraguay repitió su receta y empató con Venezuela, una vez más, sin que la pelota tocara la red tras 90 minutos y el alargue de media hora. En la serie desde los once metros, Villar rechazó la ejecución del mediocampista "vinotinto" Franklin Lucena, el único que falló en esa instancia que terminó 5-3 para el equipo "albirrojo". La racha de Paraguay se cortó en la final, disputada el 24 de julio ante Uruguay. Dos goles de Diego Forlán y uno de Luis Suárez sellaron el título para la selección oriental.

La dinastía Forlán

Los dos tantos conseguidos por Diego Forlán en la final de la Copa América de Argentina 2011 contribuyeron para que Uruguay ganara su decimoquinto título sudamericano, y también para que se extendiera una curiosa racha familiar. Juan Carlos "Nino" Corazzo, abuelo materno de Diego, fue el técnico oriental del seleccionado que ganó los títulos continentales de 1959 y 1967. Corazzo, un mediocampista con escaso rodaje en la selección celeste, se destacó por haber jugado en Argentina para Racing e Independiente. Pablo Forlán, padre de la figura de 2011, también dio la vuelta olímpica con la celeste: convocado por su suegro, actuó en la edición de Uruguay 1967, aunque apenas estuvo dentro de la cancha 16 minutos -ocho ante Chile, ocho ante Argentina- sin marcar goles. Campeón como su abuelo y como su padre, Diego repitió el destino familiar de llegar a lo más alto de América.

Copa africana

Como ya se comentó a lo largo de este libro, la Copa América, una competencia subcontinental, recibió selecciones del Caribe, de Centro y Norteamérica y hasta de Asia. Para la edición de Chile 2015, el certamen también tuvo un participante africano... o eso, al menos, fue lo que creyó el delantero uruguayo Edinson Cavani. "Como todo equipo africano, Jamaica es difícil por su velocidad y su fuerza", sostuvo el atacante "celeste" durante una conferencia de prensa realizada horas antes del debut oriental ante la escuadra caribeña. La metida de pata dio origen a una catarata de graciosos comentarios en las redes sociales. Al advertir su error, Cavani se disculpó "con Jamaica y su gente. En mi mente, hice una comparación entre los estilos y características de juego similares entre su selección y las selecciones africanas, pero la verdad que expresé la mitad del razonamiento y salió y sonó bastante mal". Tan mal como para volver a la escuela a recursar Geografía.

Incidente vial de Vidal

La noche del 16 de junio de 2015, un hecho extraordinario sacudió la Copa América organizada por Chile: el mediocampista Arturo Vidal, una de las principales figuras de la selección anfitriona, se accidentó con su carísimo automóvil Ferrari durante una "noche libre" otorgada en medio de la competencia por el cuerpo técnico encabezado por el argentino Jorge Sampaoli. El lujoso rodado que conducía el futbolista del club italiano Juventus chocó otro vehículo a unos 50 kilómetros al sur de Santiago, perdió el control y terminó su vertiginosa carrera al costado de la autopista. Vidal, quien manejaba su máquina bermellón a altísima velocidad y en estado de ebriedad, regresaba a la concentración chilena tras gozar de un rato de distracción en un casino, donde había consumido bebidas alcohólicas en exceso. El futbolista de 28 años y su mujer -que lo acompañaba en el auto "made in Italy"- sólo sufrieron ligeras magulladuras. Los golpes más duros que recibió Vidal fueron las críticas desatadas luego de que se difundiera una grabación en la que se lo escuchaba amenazar al policía que lo arrestó por el incidente. "Te vas a cagar a todo Chile", gritó el jugador al imperturbable sargento Osvaldo Pezoa, mientras éste lo esposaba para llevarlo a la sede policial donde pasaría la noche detenido (días más tarde, el "Rey Arturo" se disculparía públicamente por su agresión verbal al uniformado). Los exámenes médicos realizados al futbolista, que había marcado tres goles en los dos primeros partidos jugados por Chile en el torneo continental, uno a Ecuador y dos a México la noche anterior al escandaloso accidente, confirmaron la presencia de una dosis de alcohol peligrosa para la conducción de un automóvil. A la mañana siguiente, un juez le retiró a Vidal su licencia de conducir y lo puso en libertad. "Les fallé a todos", reconoció el futbolista en una conferencia de prensa condimentada por sus salobres lágrimas. "Quiero disculparme con mis compañeros, con el cuerpo técnico, con la gente, con todo un país", prosiguió, y agregó haber puesto "en riesgo la vida de mi mujer, en riesgo la vida de muchas personas, estoy muy arrepentido". Sampaoli decidió no sancionar a su mediocampista: "Cometió un error que para nosotros no es tan determinante como para excluirlo. Arturo ha tenido con nosotros siempre un comportamiento muy bueno", manifestó también en una rueda con periodistas. Superado el alboroto, Vidal fue titular en los cuatro partidos siguientes disputados por Chile. Su labor fue clave para que la escuadra "roja" se quedara con la primera Copa América de su historia. Aunque no volvió a anotar goles, sí ejecutó con eficacia uno de los disparos desde el punto del penal que quebraron un empate sin goles ante Argentina en la final y le dieron la gloria al equipo dueño de casa. Vidal no fue el único de los protagonistas de esta historia que terminó con una medalla colgando del pecho: el sargento Osvaldo Pezoa fue condecorado por el cuerpo de Carabineros de Chile por su "conducta ejemplar" ante una figura pública y haber aplicado el sentido de "igualdad ante la ley".

Expulsión a dedo

La imagen dio la vuelta al mundo: en medio del durísimo duelo de cuartos de final entre Chile y Uruguay por la Copa América de 2015, en el estadio "Nacional" de Santiago, el defensor "rojo" Gonzalo Jara le metió un dedo en el ano al delantero oriental Edinson Cavani. El atacante reaccionó con una leve palmada en el rostro de Jara, quien se dejó caer como si le hubieran disparado en el pecho con una escopeta de doble caño. El árbitro brasileño Sandro Ricci compró la actuación del zaguero y expulsó a Cavani, quien dejó la cancha a los 62 minutos, sólo después de entregarle al referí un rosario de insultos. Chile aprovechó la ventaja de tener un hombre de más y 18 minutos más tarde consiguió el único gol del encuentro gracias a una vertiginosa subida de su lateral derecho Mauricio Isla. Con esta victoria por la mínima diferencia, el equipo local se clasificó para las semifinales. Sin embargo, Jara no pudo estar en esa instancia. El Tribunal de Disciplina de la CONMEBOL, mediante un fallo ejemplar, castigó al defensor manolarga (o "dedo largo", debería decirse) "con tres partidos de suspensión" más una multa de 7.500 dólares. Jara no volvió a jugar en la Copa... ni tampoco en su club, FSV Mainz 05. "Eso es algo que no toleramos. Incluso más que lo primero (por la agresión con el dedo) me indigna lo que pasó después. No hay nada que deteste más que la simulación", se quejó el director deportivo del equipo alemán, Christian Heidel, en declaraciones al diario "Bild". (ver)

Doble póquer

La edición Chile 2015 de la Copa América permitió que se cristalizara un caso insólito: los cuatro equipos que llegaron a semifinales fueron dirigidos por técnicos argentinos. Jorge Sampaoli (Chile), Gerardo Martino (Argentina), Ricardo Gareca (Perú) y Ramón Díaz (Paraguay) completaron un cuarteto único de compatriotas en la historia de las competencias futboleras internacionales. En esta edición, además, participaron otros dos entrenadores argentinos: José Pekerman con Colombia y Gustavo Quinteros con Ecuador.

El segundo "póquer" de esta historia lo protagonizó Sampaoli, el cuarto técnico "extranjero" en ganar el torneo. Lo precedieron el español José Lago Millán con Argentina, en la edición de Perú 1927; el inglés Jack Greenwell con Perú, en la competencia organizada por esa misma nación en 1935; y el brasileño Danilo Alvim Faria con Bolivia, equipo que también ganó en su casa en 1963.

Genios sin gloria copera

Los dos máximos exponentes de la historia del fútbol, Edson Arantes do Nascimento "O Rei" Pelé y Diego Armando Maradona han disfrutado de las mieles del éxito en todo el planeta, especialmente en los Mundiales, la cita más importante de este deporte. Sin embargo, ninguno de los dos logró abrazar la Copa América. Pelé actuó sólo en una edición y Diego en tres, y si bien ambos cracks regaron las canchas con su magia, no alcanzaron a consagrarse en el certamen continental.

Aunque protagonizó una carrera de 21 años, el "10" brasileño sólo participó de un torneo sudamericano, Argentina

1959, acompañado por el hábil Manuel "Garrincha" dos Santos. Pelé, nacido en Tres Corazones (Minas Gerais), quien era flamante campeón del Mundo en Suecia 1958, debutó en la Copa a los 18 años con un empate a dos goles con Perú, el 10 de marzo en el estadio "Monumental" de River. Esa tarde, Pelé consiguió el 2-0 para su país (el primero lo había anotado Didí), pero los peruanos se repusieron y conquistaron una heroica igualdad. "O Rei" jugó seis partidos y se destacó como el goleador del campeonato con ocho anotaciones, mas la gloria quedó para el equipo local, que ganó cinco encuentros y sólo igualó, casualmente, con Brasil. El, 4 de abril, Juan José Pizzuti abrió el marcador para el conjunto "albiceleste", y Pelé selló el empate. Argentina dio la vuelta olímpica ese mismo día, tras imponerse por un punto en la tabla general.

Maradona, en tanto, actuó en doce partidos y sumó sólo cuatro goles en tres ediciones: 1979, 1987 y 1989. Vestido con una insólita camiseta con el número "6", Diego se inició en la Copa América el 2 de agosto de 1979 en el mítico estadio "Maracaná" de Rio de Janeiro, ante Brasil, que se impuso por dos a uno. Su primer tanto llegó el 8 de agosto, cuando el representativo albiceleste venció a Bolivia en la cancha de Vélez por tres a cero. Para la edición de Argentina 1987, Maradona intentó repetir el éxito logrado en el Mundial de México un año antes, pero el conjunto dirigido por Carlos Bilardo sólo quedó en cuarto lugar. Un gol a Perú y dos a Ecuador (uno de ellos de tiro libre) fueron las mejores pinceladas del "Barrilete Cósmico".

En la Copa América de Brasil 1989, Maradona exhibió un desempeño con altibajos, como el equipo, que finalizó tercero. Aunque no alcanzó la red, su pasó por el certamen quedó inmortalizado por una jugada memorable, ocurrida el 14 de julio en el "Maracaná", ante Uruguay, por la ronda final. Con el marcador 0-0, Diego sacó un preciso remate de zurda desde la media cancha contra el arco de Javier Zeoli. La pelota, caprichosa, reventó el travesaño y salió. Luego, la celeste se impuso 2-0 y la Copa se volvió inalcanzable para el once que, otra vez, condujo Bilardo.

Lionel Messi, reverenciado como el mejor jugador contemporáneo, también fue envuelto por el fantasma copero. "Leo" participó de la Copa de Venezuela 2007, con dos goles en seis juegos. El equipo argentino fue subcampeón, al perder la final con Brasil 3-0. En Argentina 2011, el crack de FC Barcelona tuvo un pálido desempeño ante Bolivia y Colombia, pero demostró sus excelentes cualidades con Costa Rica y Uruguay. Empero, Argentina fue eliminada en cuartos de final por el seleccionado "celeste" y el rosarino se quedó con las ganas de dar la vuelta olímpica y sin marcar goles. Cuatro años más tarde, Messi quedó al borde de la gloria copera, mas tampoco pudo escapar a la maldición reservada para los grandes "10" de la historia. Argentina llegó a la final con Chile, la nación anfitriona, en la que cayó por penales tras 120 minutos con el marcador en blanco. En la instancia definitiva, el "10" de FC Barcelona -que sólo había anotado un gol en seis partidos, ante Paraguay y de penal- lanzó con maestría su disparo desde los once metros. Sin embargo, los yerros de Gonzalo Higuaín y Ever Banega, sumados a la perfecta performance de los ejecutantes locales, le dieron el título a la escuadra "roja".

Pastillitas coperas

* Hasta la última edición de la Copa América, Chile 2015, se han jugado 751 partidos y anotados 2.440 goles.

* Uruguay, máximo campeón de la Copa América con 15 títulos, es también el país que más torneos disputó (42) y que más partidos jugó (194). Sólo faltó a las ediciones de Argentina 1925 y Bolivia 1963.

* Uruguay nunca perdió como local en la Copa América. Entre siete ediciones organizadas y las tres que no tuvieron sede fija, ganó 31 partidos e igualó 7.

* La selección de Colombia tampoco perdió como local en la Copa América, aunque sólo fue sede de un campeonato. Asimismo, no fue derrotada en su tierra en las tres competencias que no tuvieron país fijo como escenario.

* El argentino Norberto "Tucho" Méndez y el brasileño Thomaz Soares da Silva, "Zizinho", son los goleadores históricos de la Copa, con 17 tantos cada uno.

* El portero chileno Sergio "el sapo" Livingstone es el futbolista que actuó en la mayor cantidad de partidos de la Copa Libertadores: 34, en seis ediciones entre la de 1941 y la de 1953.

* El uruguayo Ángel Romano y el ecuatoriano Alex Aguinaga, en tanto, son quienes estuvieron presentes en la mayor cantidad de ediciones de la Copa: 8. Romano disputó 23 partidos en los torneos de 1916, 1917, 1919, 1920, 1921, 1922, 1924 y 1926. Aguinaga, por su parte, estuvo presente en las ediciones de 1987, 1989, 1991, 1993, 1995, 1999, 2001 y 2004.

* Brasil es dueño de la mayor racha de victorias consecutivas: ganó doce partidos seguidos entre las ediciones de Bolivia 1997 y Paraguay 1999.

* Ecuador, que perdió los primeros 17 partidos que jugó en la Copa América, es dueño de la peor serie de caídas consecutivas en la competencia.

* Cinco selecciones mantuvieron su arco invicto en una Copa América: Uruguay en 1917 (el portero Cayetano Saporiti atajó en los tres partidos), Argentina en 1921 y 1924 (Américo Tesoriere ocupó la valla en todos los encuentros de estos dos torneos, seis en total), Uruguay en 1987 (Eduardo Pereira actuó en las dos únicas presentaciones de su equipo) y Colombia en 2001, con una particularidad: Oscar Córdoba actuó en 5 choques y su compañero Miguel Calero en uno.

* En la Copa América de Argentina 1937, Brasil incluyó en su equipo un jugador austríaco: Rodolpho Barteczko, al que se conoció como "Patesko".

* Brasil estuvo cuarenta años sin ganar la Copa, entre la edición de 1949 y la de 1989. Casualmente, este país fue el organizador del certamen en esas dos ocasiones. Este enorme período entre dos conquistas es llamativo porque, en el medio, la escuadra "verdeamarela" ganó nada menos que tres Mundiales: Suecia 1958, Chile 1962 y México 1970.

* En su debut ante Colombia en la Copa América de Paraguay 1999, los uruguayos Marcelo Zalayeta y Gianni Guigou salieron a jugar con el mismo número en sus camisetas: el "6".

* En la edición de Brasil 1949, Paraguay protagonizó dos partidos que terminaron siete a cero: en uno, le ganó a Bolivia; en el otro, perdió con Brasil.

* El delantero Héctor "manco" Castro, figura del Uruguay campeón de la Copa América de Chile 1926, había perdido el antebrazo derecho en un accidente con una sierra eléctrica.

* El gol número 2000 de la Copa América no fue obra de un sudamericano: lo marcó el mexicano Luis " Pájaro" Hernández ante Chile, en 1995.

* El árbitro argentino Bartolomé Macías es dueño del récord de partidos dirigidos en la Copa América: 44.

* El estadio "Nacional" de Santiago, la capital chilena, es el escenario con la mayor cantidad de partidos jugados: 74.

* En los encuentros Perú 3-Bolivia 2 y Perú 1-Argentina 5 de la Copa América de Chile 1927, todos los goles se marcaron en los primeros tiempos.

* El uruguayo Isabelino Gradín, goleador de la primera edición de la Copa América, Argentina 1916, ganó también cinco medallas de oro sudamericanas como velocista: era corredor de 400 metros lisos.

* Antes de ser anfitrión de la Copa América de 1999, Paraguay debió haber organizado los torneos de 1924 y 1954. Por problemas económicos, estas dos competencias se jugaron en Uruguay y Perú.

* En la Copa América de Ecuador 1959, Brasil presentó un equipo integrado sólo por futbolistas de clubes de la ciudad de Recife.

* Los primeros partidos nocturnos con iluminación artificial de la Copa América se jugaron en la edición de Argentina 1937.

* Para paliar los efectos de la altura, la CONMEBOL decidió que para la edición de Bolivia 1963 cada equipo tuviera la posibilidad de realizar... ¡cuatro cambios!

* En la Copa América de Perú 1957, Brasil aplastó a Colombia por nueve a cero. El delantero Evaristo de Macedo Filho -quien luego sería estrella de los clubes españoles FC Barcelona y Real Madrid- anotó cinco goles, ¡tres de ellos en apenas cuatro minutos!

* El peruano Julio César Uribe debutó en la Copa América en la edición de Argentina 1987. Su hijo, Edson, jugó por primera vez en el sudamericano en el torneo organizado por Colombia en 2001. Aunque actuaron con catorce años de diferencia, los Uribe tuvieron un compañero en común: José del Solar.

Bibliografía

* "ABC, Diccionario Enciclopédico del Fútbol". AGEA, Buenos Aires, 2000.

* Ash, Russell, y Morrison, Ian; "Top ten of football". Hamlyn, Londres, 2010.

* Barnade, Oscar; "Historias increíbles de Argentina en la Copa América". Ediciones Al Arco, Buenos Aires, 2011.

* Barnade, Oscar; "Copa América increíble, anécdotas imperdibles". Ediciones Al Arco, Buenos Aires, 2015.

* Bilardo, Carlos; "Doctor y campeón". Editorial Planeta, Buenos Aires, 2014.

* "Biblioteca total del fútbol, el deporte de los cinco continentes". Editorial Océano, Madrid, 1982.

* "Biblioteca total del fútbol, de los orígenes al Mundial". Editorial Océano, Madrid, 1982.

* Campomar, Andreas; "Golazo". Club Hpuse, Buenos Aires, 2014.

* Carlisle, Jeff; "Soccer's most wanted II". Potomac Books, Virginia, 2009.

* Confederación Sudamericana de Fútbol; "Historia de la Copa América". Segunda edición.

* Crossan, Rob; "Football extreme". John Blake Publishing Ltd., Londres, 2011.

* Diario La Nación; "Historia del fútbol argentino". Diario La Nación, Buenos Aires, 1994.

* Díaz, Juan Manuel, y otros; "La pelota nunca se cansa". Editorial Base, Barcelona, 2007.

* Editorial Abril; "El libro del fútbol". Editorial Abril, Buenos Aires, 1976.

* Escobar Bavio, Ernesto; "Alumni, cuna de campeones". Editorial Difusión, Buenos Aires, 1953.

* Fabbri, Alejandro; "Historias negras del fútbol argentino". Capital Intelectual, Buenos Aires, 2008.

* Fabbri, Alejandro; "Nuevas historias negras del fútbol argentino". Capital Intelectual, Buenos Aires, 2010.

* Foer, Franklin; "How soccer explains the world". Harper Collins, Nueva York, 2004.

* Galeano, Eduardo; "El fútbol a sol y sombra". Catálogos, Buenos Aires, 1995.

* Galvis Ramírez, Alberto; "100 años de fútbol en Colombia". Planeta, Bogotá, 2008.

* Goldblatt, David; "The ball is round". Penguin Books, Londres, 2006.

* González, Carlos; Navarrete, Luis; Quezada, Braian; "La roja". RIL Editores, Santiago de Chile, 2014.

* Hernández Bonnet, Javier; "El método Pekerman". Planeta, Bogotá, 2015.

* "Historia del fútbol argentino". Editorial Eiffel, Buenos Aires, 1955.

* "Historia El Gráfico de la selección argentina". Revista El Gráfico, Buenos Aires, 1997.

* Hofmarcher, Arnaud; "Carton rouge". Le cherche midi, París, 2010.

* Iucht, Román; "La vida por el fútbol. Marcelo Bielsa, el último romántico". Sudamericana, Buenos Aires, 2010.

* Iwanczuk, Jorge; "Historia del fútbol amateur en la Argentina". Jorge Iwanczuk, Buenos Aires, 1992.

* Lauduique-Hamez, Sylvie; "Les incroyables du football". Calmann-Levy, París, 2006.

* "Les miscellanées du foot". Éditions Solar, París, 2009.

* Lisotto, Pablo; "50 grandes momentos de la Copa América". Ediciones Al Arco, Buenos Aires, 2015.

* Lodge, Robert; "1001 bizarre football stories". Carlton Books, Londres, 2010.

* Lowndes, William; "The story of football". The Sportsmans Book Club, Londres, 1964.

* Mármol de Moura, Marcelo; "Los 200 partidos más curiosos del fútbol argentino". Corregidor, Buenos Aires, 2014.

* Matthews, Tony; "Football oddities". The History Press, Stroud, 2009.

* Murray, Colin; "A random history of football". Orion Books, Londres, 2010.

* Palermo, Martín; "Titán del gol y de la vida, mi autobiografía". Planeta, Buenos Aires, 2011.

* Peredo, Daniel; "Los 500 datos caletas de la Copa América". De Chalaca, Lima, 2011.

* Prats, Luis; "La crónica celeste". Fin de Siglo, Montevideo, 2010.

* Relaño, Alfredo; "366 historias del fútbol mundial que deberías saber". Ediciones Martínez Roca, Madrid, 2010.

* Relaño, Alfredo; "Tantos Mundiales, tantas historias". Roca Editorial, Barcelona, 2014.

* Rey, Alfonso, y Rojas, Pablo; "El fútbol argentino". Ediciones Nogal, Buenos Aires, 1947.

* Rice, Jonathan; "Curiosities of football". Pavilion Books, Londres, 1996.

* Risolo, Donn; "Soccer stories". University of Nebraska Press, Lincoln, 2010.

* Samper Camargo, Nicolás, y otros; "Bestiario del balón". Aguilar, Bogotá, 2008.

* Señorans, Jorge; "Son cosas del fútbol". Fin de Siglo, Montevideo, 2014.

* Sharpe, Graham; "500 strangest football stories". Racing Post Books, Compton, 2009.

* Simpson, Paul, y Hesse, Uli; "Who invented the bicycle kick?". Harper Collins, Nueva York, 2014.

* Snyder, John; "Soccer's most wanted". Potomac Books, Virginia, 2001.

* Sottile, Marcelo; "Lionel Messi, el distinto". Arte Gráfico Editorial Argentino, Buenos Aires, 2013.

* Southgate, Vera; "The story of football". Ladybird Books, Londres, 2012.

* Tabares, Javier, y Bolaños, Eduardo; "Esto (también) es fútbol". Planeta, Buenos Aires, 2012.

* Tabares, Javier, y Bolaños, Eduardo; "Esto (también) es fútbol de Selección". Planeta, Buenos Aires, 2013.

* Talic, Daniel, y De Lucca, Guillermo; "Diccionario del fútbol".

Claridad, Buenos Aires, 2009.

* Thomson, Gordon; "The man in black". Prion Books Limited, Londres, 1998.

* Tovar, Jorge; "Números redondos". Grijalbo, Bogotá, 2014.

* Urrutia O'Nell, Luis; "Anecdotario de la Copa América". Ediciones B, Santiago de Chile, 2015.

* Venegas Traverso, Cristián; "Fuera de juego". Editorial Forja, Santiago de Chile, 2013.

* Ward, Andrew; "Football´s strangest matches". Portico, Londres 2002.

* Wernicke, Luciano; "Curiosidades Futboleras". Editorial Sudamericana, Buenos Aires, 1996.

* Wernicke, Luciano; "Curiosidades Futboleras II". Editorial Sudamericana, Buenos Aires, 1997.

* Wernicke, Luciano; "Fútbol increíble". Ediciones de la Flor, Buenos Aires, 2001.

* Wernicke, Luciano; "Nuevas curiosidades futboleras". Ediciones Al Arco, Buenos Aires, 2008.

* Wernicke, Luciano; "Historias insólitas del fútbol". Planeta, Buenos Aires, 2013.

* Wilson, Jonathan; "Inverting the pyramid". Orion Books, Londres, 2009.

Diarios

* Argentina: Clarín, La Nación, Olé, Diario Popular, Crónica, La Prensa, La Razón, Uno, Libre, Página/12.

* Brasil: O Estado, Lance, Folha de Sao Paulo.

* Colombia: El Tiempo, El País.

* Bolivia: La Razón.

* Chile: La Tercera, El Mercurio.

* Ecuador: Hoy, El Telégrafo.

* Paraguay: ABC Color.

* Perú: El Comercio, El Nacional.

* Uruguay: El País, El Observador.

* Venezuela: El Universal.

Revistas

* El Gráfico (Argentina)

* Un Caño (Argentina)

* Campeón (Argentina)

* Mundo deportivo (Argentina)

* Soho (Colombia)

Agencias de Noticias

* Diarios y Noticias (DyN-Argentina)

* Telam (Argentina)

* Reuters (Reino Unido)

* Deutsche Presse Agentur (DPA-Alemania)

* EFE (España)

* Agence France Press (AFP-Francia)

* Agenzia Nazionale Stampa Associata (ANSA-Italia)

* United Press International (UPI-Estados Unidos)

* Asociated Press (AP, Estados Unidos)

Colección é Énfasis

Novedades:

El hijo de Mister Playa — Mónica Maristain

Otros títulos de esta colección:

Eco divino — Rev. Alexis Bastidas

El barro y el silencio— Juan David Correa

El útimo rostro de Chávez — Albinson Linares

Enrisco para presidente — Enrique Del Risco

Entre el amor y la locura — César Landaeta

La luna de Fausto — Francisco Herrera Luque

Nadie nos enseñó a ser padres — César Landaeta

Retrato de un canibal — Sinar Alvarado

Siempre nos quedará Madrid — Enrique Del Risco

www.sudaquia.net

www.ingramcontent.com/pod-product-compliance
Lightning Source LLC
Chambersburg PA
CBHW022024090426
42739CB00006BA/276